《道德经》读本系列

道德经图文本

《道德经》读本编委会 编著

开泰 主编　蔡志忠 绘图　张志和 书写

中华书局

图书在版编目（CIP）数据

道德经图文本/开泰主编;《道德经》读本编委会编著.
- 北京:中华书局,2010.12(2013.1 重印)
(《道德经》读本系列)
ISBN 978 - 7 - 101 - 07556 - 4

Ⅰ.道… Ⅱ.①开…②道… Ⅲ.①道家②老子 -
少年读物 Ⅳ.B223.1 - 49

中国版本图书馆 CIP 数据核字(2010)第 172638 号

书　名	道德经图文本
主　编	开　泰
编著者	《道德经》读本编委会
丛书名	《道德经》读本系列
责任编辑	祝安顺　孙永娟　白爱虎
出版发行	中华书局
	（北京市丰台区太平桥西里38 号　100073）
	http://www.zhbc.com.cn
	E - mail:zhbc@ zhbc.com.cn
印　刷	北京瑞古冠中印刷厂
版　次	2010 年 12 月北京第 1 版
	2013 年 1 月北京第 3 次印刷
规　格	开本/787×1092 毫米　1/16
	印张 18¾　字数 400 千字
印　数	69001 - 72000 册
国际书号	ISBN 978 - 7 - 101 - 07556 - 4
定　价	35.00 元

目 录

道德经图文本

序：谈谈经典诵读与学校教育

王登峰

（国家语言文字工作委员会副主任　教育部语言文字应用管理司司长）

道德经图文本

中国经济发展速度非常快，备受瞩目，中国文化也一直吸引着世界的目光。进入新世纪以后，中央提出要实现文化的大发展大繁荣，掀起文化建设的新高潮。党的十七大报告提出要弘扬中华文化，建设中华民族共有精神家园。党中央和国务院及各级各部门都在关注传统文化，而且把它列为社会建设的一个很重要的文化课题。这是我们推进中华经典诵读的一个非常重要的契机。

推广普通话、推行规范汉字，要有一个载体。诵读中华经典既可以推广普通话，同时又让大家有一个接触、了解、熟悉、热爱优秀传统文化的机会。教育部、国家语委在推动"中华诵"活动的过程中，越来越认识到中华经典对弘扬中华优秀传统文化、提高个人修养的重要作用。

中华经典的文化价值到底是什么？

第一，中华经典包含着我们中国人的价值观，这种价值观潜移默化地影响着我们的思想和行为。语言和文化是密不可分的，语言里蕴含着文化的深层次的价值观。当我们诵读经典时，经典里面所包含的价值理念会潜移默化地影响到我们。

第二，传统历史文化，特别是经典所蕴含的一些内涵，已经影响我们的思维方式，影响我们对世界的看法。在西方人的人格结构里有一个非常重要的概念，叫做情绪稳定性，或者叫神经质，认为只要是消极情绪就是不稳定的，也就是说他们把情绪都当作"情绪"。而我们中国人看到一个人伤心、生气、发脾气、退缩、敏感的时候，首先想到的不是他的情绪，而是会想到他遇到什么事情，他的人际关系怎么样、他的家庭关系怎么了，等等。中国人会把一个人的情绪跟看上去没有直接联系的事情联系在一起，这与西方人有着根本的不同，这就是在传统文化影响下，人格结构和思维方式的不同。

　　第三，中华经典里面蕴含的内容也在塑造着中国人的行为方式。《论语》里面讲"己所不欲，勿施于人"，就是你自己不想要的东西，也不要硬塞给别人，这是从反面来论证你应该怎么对待别人，是一种"防御性"的方式。另外《孟子》里面讲"惟仁者为能以大事小，是故汤事葛，文王事昆夷"，意思是当你身居高位，或者处于优势地位时，要包容比你差的人，形成一种和谐的氛围，而不要让别人对你恨之入骨，这是中国人的行为方式。

　　诵读经典和个人素质的提升有什么样的联系，我们通过经典诵读能够学到什么？我认为，至少有这么三个方面是跟个人素质有着密切联系的：

　　第一，中国的历史和文化强调要建设一个学习型社会。从《论语》到《孟子》，我们可以看到这是对一个人为什么学习，如何学习，学习什么的全方位的阐释。

　　第二，中国传统强调的是"以人为本"，《说文》讲，"人，天地之性最贵者也"，也就是在天地之间，人是最高的精灵。这一点不但与西方文化不同，在全世界也是独树一帜的。在欧洲中世纪时期，人的地位降到什么程度？像那样黑暗的时代，在中国历史上从来没有出现过。目前已发现的甲骨文单字有四千五百个，我们现在能够辨认的有九百四十到九百六十多个，而能够辨认的九百多个甲骨文单字里面，祖先参照人类自己、参照人的器官、参照人的活动造的字超过四百五十个。也就是说，这九百多个字里，有将近或者超过一半的字，是照着人来造的，所谓"近取诸身，远取诸物"，这才是真正以人为本的文字，真正以人为本的文化。

　　第三，诵读经典跟一个人的语言文字表达能力是密切相关的。

　　《贞观政要》里有一段讲到了言语的重要性，唐太宗李世民说："言语者，君子之枢机，谈何容易？凡在众庶，一言不善，则人记之，成其耻累，况是万乘之主？"也就是说，一个普通老百姓一句话说不好，会被人记住，会成为他永远的羞耻、拖累，更何况是万乘之君呢。现在语言文字的表达能力如何呢？我们的学生从上学那天开始，就有一半甚至远远超过一半的时间在学习外语，中文写作和表达能力却受到了很大的限制。诵读经典可以提高一个人语言文字的应用水平。

　　经典诵读和学校教育关系密切，主要有以下三点：

　　第一，我们每一个人都要树立一种文化自信心。

　　我们要明确使命，中华经典是文明传承的基础，中华经典和我们的思维方式联系密切，中华经典的诵读和文化的发展创新是密不可分的。外国人对待中国的文化，是"把玩"的态度；西方人把我们一千多年前的瓷碗拿回去，不是用它来吃饭的，他们还用自己的刀叉碗碟。中国人对于西方的文化，很多情况下是把它拿来以后，把我们原来的东西替换掉了。我们到了美国，看到人家的碗，就把我们自己的碗丢掉，用美国的碗吃饭，这叫"顶礼膜拜"。有的专家还提出一个更难听的词——"跪抱一族"，见了洋人的东西就下跪，见了洋人就抱他们的大腿。而诵读中华经典，就是树立我们民族自信心、文化自信心的一个非常重要的方法。我们2009年8月份在江苏泰州举办了"中华诵夏令营"，参加的孩子们读了经典，写了书法，看了传统文化技艺的表演之后，他们由衷地发出一种声音，"我们的文化太好了，我们再也不用羡慕别人"，孩子真的有了这样一种自信心。中华经典，过去我们不告诉他们是我们的责任，告诉他们之后，你会发现他们真的喜欢。

第二，我们要总结经验，不断开拓创新。

经典诵读已经在很多学校成为校本课程，已经坚持了很多年，如何在今后使之保持常态化并可持续发展，是我们现在迫切要解决的问题。另外，作为教师，要讲好普通话，不管你是教什么的，都要有中华经典的功底。在校园文化里面，我们要处理好学好外语和使用国家通用语言文字之间的关系。

第三，从建设人力资源强国的角度来讲，提升个人的素质、提高学生的综合素质，是我们教育的一个非常重要的使命。

中国要实现从人力资源大国向人力资源强国的转变，教育是至关重要的，教育从提升个人素质的内涵来讲，中华文化、经典诵读工作占有非常重要的地位，这样才能使我们的工作不断取得新的成就。

前言：在老子怀抱里聆听老子

开　泰

　　老子是春秋时期伟大的思想家、道家学派创始人。关于老子出生地问题，曾经是个谜。汉代司马迁在他的《史记》里，仅用"楚苦县厉乡曲仁里人也"说明老子的出生地。

　　为破解这个谜，1990年以来，继清代姚鼐、近代马叙伦等前贤之后，国内许多著名专家和安徽省涡阳县的有识之士，如马炳文、侯宝垣、夏当英、陈桥驿、孙以楷、陈广忠、李谷鸣、姜仪生、刘光蓉、杨光、王振川、黄士吉等贤达人士，做了大量艰苦细致的工作。他们对现存史料，反复比较，仔细推求，从典籍记载、历史沿革、地理方位、河流水系、出生年代、姓氏源流、独特景观等方面入手论证；同时，通过文物考古和发掘，获得了大量研究老子故里的实物史料，进一步增强了论证的说服力。上海道教协会王振川先生论证成果显示，今天的安徽省涡阳县就是司马迁记载的"楚苦县"。最终确认老子是春秋时期宋国相（春秋末为楚国苦县）人，于公元前571年，出生在今涡阳县闸北镇太清宫的流星园址。

　　在安徽涡阳，老子出生的地方，古流星园址，后人兴建宫观，以志莫忘。天静宫始建于东汉延熹八年（165年），始称老子庙。此后，曹魏黄初三年（222年），隋开皇元年（581年），都奉敕修建过，庙的规模渐大。天静宫在唐宋鼎盛时期，规模宏大，建筑辉煌。元、明两代，宫观蔚为壮观，堪称中华道观之最。清末战乱频仍，殿宇日趋颓废。

　　今天，为了纪念老子，弘扬道教文化，在港、澳、台和海外重德尊道人士的鼎力赞助下，着手修复天静宫，经过数年努力，涡阳天静宫老君殿、三清殿、灵官殿、天师殿、重阳殿、财神殿、元辰殿、老祖殿、慈航殿、吕祖殿等十余座殿堂已相继修建完成，老子故里天静宫得以重现昔日鼎盛风采，涡阳也成为道教祖庭，成为"道之源"、"德之初"的圣地，也有"老子故里，天下道源"的誉称。

　　两千多年以来，在老子故里涡阳人民心田里，长期浸润着老子光辉的智慧和思想，以"我自然"的生存状态，创造着涡阳县辉煌的历史，以老子彪炳千秋的道，实践了人与社会、人与自然的高度和谐。

2010年3月，王蒙先生做客老子故里涡阳时，表达了与涡阳人民共同分享老子文化盛宴的愿望："我们这儿，有老子故里，还有天静宫，涡阳人民对老子文化有很大的热情，研习、弘扬老子精神遗产，老子的智慧，以及他独树一帜的对事物的看法，永远会给我们以参考、启发和享受。"2010年5月，德国著名科普作家雷纳·科特博士，到安徽涡阳天静宫拜谒老子时，竖起大拇指说："太伟大了！老子！能在老子的出生地朝拜老子，我非常幸福！也非常自豪！"

老子对于人类的贡献，在于他博大精深的思想。老子思想是中国人揭示自然界奥秘的一种尝试，在中国哲学史上，老子第一个系统提出了"道"，这个"道"来源于自然，以"无"为本，以"有"为用，以"反始守柔"为处事之方。"反者道之动；弱者道之用；天下万物生于有，有生于无"成为《老子》五千言的纲领。

老子思想对中华民族产生了极大影响。南怀瑾先生对以老子为核心的道家思想，作了这样的评价："中国文化之中坚，实为道家之学术思想，此则往往为人所忽略。"德国社会学家马克斯·韦伯在《儒教与道教》中说："事实上，在中国历史上，每当道家（道教）思想被认可的时期（例如唐初），经济的发展是较好的，社会是丰衣足食的。道家重生，不仅体现在看重个体生命，也体现在看重社会整体的生计发展。"战国时代的田齐、西汉的刘邦、汉文帝、汉景帝、唐太宗、明太祖等都推崇道术尊老子，实行与民休养的政策，创造了良好的社会局面。

随着老子思想的广泛传播，西方国家许多古今学者，不由自主地发现了老子。早在18世纪末，德国神甫格拉蒙特，用拉丁文翻译了《道德经》，并传入德国。康德认为"斯宾诺莎的泛神论和亲近自然的思想与中国的老子思想有关"；黑格尔在《历史哲学》中说，"中国人承认的基本原则是理性——叫做'道'"，"道为天地之本、万物之源。中国人把认识道的各种形式看作是最高的学术……老子的著作，尤其是他的《道德经》，最受世人崇仰"；尼采曾评论《老子》一书说，"老子思想的集大成——《道德经》，像一个永不枯竭的井泉，满载宝藏，放下汲桶，唾手可得"；德国电视台一项调查表明，老子还是德国人心中"最知名的中国人"，最被熟知的中国著作就是《道德经》；德国诗人阿拉邦德1919年写了《听着，德国人》，在这篇文章中他号召德国人应当按照"神圣的道家精神"来生活，要争做"欧洲的中国人"。

英国生物学家、科学史家李约瑟博士，在科学研究中发现了道家思想的世界意义，他认为道家的科学民主精神，对道家文化在世界的传播意义重大，其晚年自称"名誉道家"，因为老子姓李，而在自己本名前加了一个中国"李"姓；日本物理学家、诺贝尔奖得主汤川秀树则有自己的发现，"老子是在两千多年前就预见并批判今天人类文明缺陷的先知，老子似乎用惊人的洞察力看透个体的人和整体人类的最终命运"；前苏联著名汉学家里谢维奇说："老子是国际的，是属于全人类的。"这些来自异域的哲学巨人和科学巨匠，对老子的特殊青睐和中肯评说，比比皆是，不胜枚举。

当今是一个风云多变的时代，老子还以他伟大的思想，积极影响着国际政治价值观念。德国前总理施罗德曾在电视上呼吁，每个德国家庭学习一本中国的《道德经》，以帮助解决人们思想上的困惑；美国第40任总统里根，在1987年的国情咨文中，引用了老子"治大国若烹小鲜"一句话，阐明他的施政纲领，其中，还明确表白"在美国，是咱人民说了算"；2010年6月19日，俄罗斯总统梅德韦杰夫出席圣彼得堡国际经济论坛时，引用了《老子·四十四章》的论述："得与亡孰病？甚爱必大费，多藏必厚亡。故知足不辱，知止不殆，可以长久。"这是老子关于得失问题的核心论述，劝诫人们做到知足，把握平衡，崇尚道法自然的境界和心态的平和，这也是中国传统文化的核心思想。

老子思想是中华民族优秀的传统文化，也是人类文化的重要遗产。"万物负阴而抱阳，冲气以为和"（《老子·四十二章》），体现了中国古老文化的天人合一理念，天道与人道必须和谐统一的哲学原则，也说明了人类一切生存问题，原本都归结于和谐的问题。天地运行，四时更替，日出而作，日落而息。天道的和谐原则，势必要求作为自然界成员之一的人类，也必须选择和谐的生存方式。

尊道贵德，传承老子的和谐思想，在当今中国更具有现实意义。胡锦涛总书记在党的十七大报告中指出："社会和谐是中国特色社会主义的本质属性。""构建社会主义和谐社会是贯穿中国特色社会主义事业全过程的长期历史任务，是在发展的基础上正确处理各种社会矛盾的历史过程和社会结果。""要按照民主法治、公平正义、诚信友爱、充满活力、安定有序、人与自然和谐相处的总要求和共同建设、共同享有的原则，着力解决人民最关心、最直接、最现实的利益问题，努力形成全体人民各尽其能、各得其所而又和谐相处的局面，为发展提供良好社会环境。"

党的十七大报告提出了"弘扬中华文化，建设中华民族共有精神家园"的战略任务。珍视先贤留给我们的智慧瑰宝，是我们责无旁贷的义务。在中小学生中间，开展常态可持续发展的经典诵读教育活动，就是以实际行动，传承中华优秀传统文化。开展经典诵读教育活动，对我国文化发展与繁荣、建设人才强国、推进语言文字工作具有重大意

道德经图文本

义；可以培养学生对中华文化的自豪感和荣誉感，积极继承祖先优秀的天人合一、人文关怀、尊道贵德、和合之美、集体意识等精神文化；有助于提高语言表达能力和个人修养，养成"清静无为"、兼容并包的博大胸怀。鲁迅先生说："不读《老子》一书，就不知中国文化，不知人生真谛。"在经典诵读教育活动中，诵读老子《道德经》，弘扬老子文化，更是老子故里涡阳人民应该"持而保之"的信诺。

老子是中国的，老子是世界的，老子是永远的老子！

编辑凡例

　　《道德经图文本》是为便于理解《道德经》而出版的。全书的原文结合当下研究成果，约请专家审定。

　　在文本选择上，参照通行本，并以陈鼓应先生的《老子注译及评介》为参考。凡错简、衍文、脱文均酌情而去取。

　　全书结构遵循图文并茂的原则，既有原文、注释、译文，又有蔡志忠先生《老子说》漫画选和张志和先生《道德经》书法全文写本，二者相得益彰，从而让读者更好地理解《道德经》。

　　注释简洁明了，要言不烦。词义解释只给出结论，附有少量异文校订文字。

　　《道德经图文本》为了方便读者阅读、欣赏，"《道德经》图解"部分采用西式排版，从图书正面翻页；"《道德经》写本"部分采用中式排版，从图书背面翻页。

第一部分

《道德经》图解

道德经图文本

一章

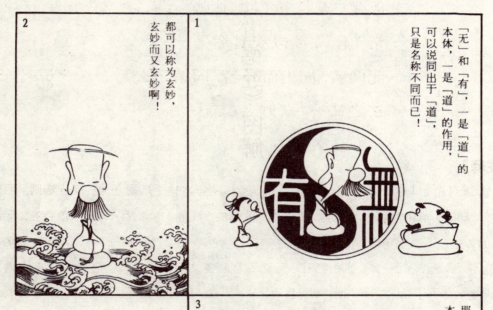

「无」和「有」，一是「道」的本体，一是「道」的作用，可以说同出于「道」，只是名称不同而已！

那就是宇宙万物创生的本源「道」了。

玄妙而又玄妙啊！

都可以称为玄妙，

宇宙的本体是「无」。由「无」而生天地，由天地而生万物，终于形成了万象纷纭的世界。

道可道，非常"道"①；

名可名，非常"名"②。

"无"③，名天地之始④；

"有"⑤，名万物之母⑥。

故常"无"，欲以观其妙⑦；

常"有"，欲以观其徼⑧。

此两者，同出而异名，同谓之玄⑨。

玄之又玄，众妙之门⑩。

【注释】

①道可道，非常"道"：前一"道"，名词，指宇宙本体、万物之源、运行法则。后一"道"，动词，阐述，解说。常，恒，普遍的，永恒的。常道，指浑然一体、永恒存在、运动不息的大道。　②名可名，非常"名"：前一"名"，名词，道之名。后一"名"，动词，命名，说明。常名，指浑然一体、永恒存在、运动不息的道之名。　③无：指道。　④天地之始：天地的本初。《说文》："始，女之初也。"　⑤有：指由道而产生的万物。　⑥万物之母：万物的本原。　⑦妙：微妙。　⑧徼（jiào）：边际，这里有端倪的意思。　⑨玄：玄妙幽深。　⑩众妙之门：天地万物变化的总源头。

【译文】

道是可以阐述解说的，但是并非完全等同于浑然一体、永恒存在、运动不息的大道；道也是可以命名的，但是并非完全等同于浑然一体、永恒存在、运动不息的道之名。

无，称天地的初始；有，称万物的本原。

因此，从常无中，将以观察道的微妙；从常有中，将以观察道的端倪。

这无、有二者，同出于道而名称不同，都可谓玄妙幽深。玄妙而又玄妙，正是天地万物变化的总源头。

道德经图文本

道德经图文本

二章

天下皆知美之为美，斯恶已^①；

皆知善之为善，斯不善已。

有无相生^②，难易相成^③，长短相形^④，

高下相倾^⑤，音声相和^⑥，前后相随^⑦。

是以圣人处无为之事^⑧，行不言^⑨之教；

万物作而不为始，生而不有，

为而不恃，功成而弗居。

夫唯弗居，是以不去。

《道德经》图解

道德经图文本

【注释】

①斯恶已：就显露出丑了。斯，则，就。恶，丑陋，与美相反。已，"矣"的借字。 ②相生：互相依存。生，存。 ③相成：相反相成。成，成就。 ④形：比较。 ⑤倾：对比，映衬。 ⑥音声相和：音与声互相和谐。音，组合音。声，始发声。和，和谐。 ⑦随：跟随。 ⑧圣人处无为之事：圣人用无为的方式处事。 ⑨不言：不用言词，不用发号施令。

【译文】

天下都知道美之所以为美，就显露出丑了；都知道善之所以为善，就显露出不善了。

有与无互相依存，难与易相反相成，长与短互相比较，高与下互相映衬，音与声互相和谐，前与后互相跟随。

因此，圣人用无为的方式处事，实行不言的教化；万物兴起而不首倡，生养万物而不占有，培育万物而不倚仗，功业成就而不居功。正因为不居功，因此他的功业不会泯没。

道德经图文本

三章

不尚贤①，使民不争；

不贵难得之货②，使民不为盗；

不见可欲③，使民心不乱。

是以圣人之治，虚④其心，

实⑤其腹，弱⑥其志，强⑦其骨。

常使民无知无欲⑧。

使夫智者不敢为也⑨。

为无为⑩，则无不治。

《道德经》图解

道德经图文本

【注释】

①尚贤：崇尚、标榜贤才。贤，贤能之人。蒋锡昌说"不尚贤"是"不尚多财"的意思。　②难得之货：指珠玉宝器。　③不见（xiàn）可欲：不炫耀贪欲的事物。见，同"现"，显现，炫耀。可欲，贪欲的事物。　④虚：空虚而无欲，形容词的使动用法。　⑤实：充实，满足。　⑥弱：削弱，减损。　⑦强：增强，强健。　⑧无知无欲：没有心智，没有欲望。　⑨不敢为：不敢有所作为。　⑩为无为：以无为的方式行事，即以顺应自然的方式处理事务。

【译文】

在上者不崇尚贤能之人，使百姓不争夺；不珍贵难得的财货，使百姓不为强盗；不炫耀贪欲的事物，使百姓思想不惑乱。

因此，圣人治理天下，要空虚百姓的心灵，满足百姓的饮食，削弱百姓的意志，强健百姓的筋骨。永远使百姓没有奸诈的心智，没有贪婪的欲望，使那些聪明的人不敢有所作为。用无为的方式处理事务，那么天下就没有不大治的。

四章

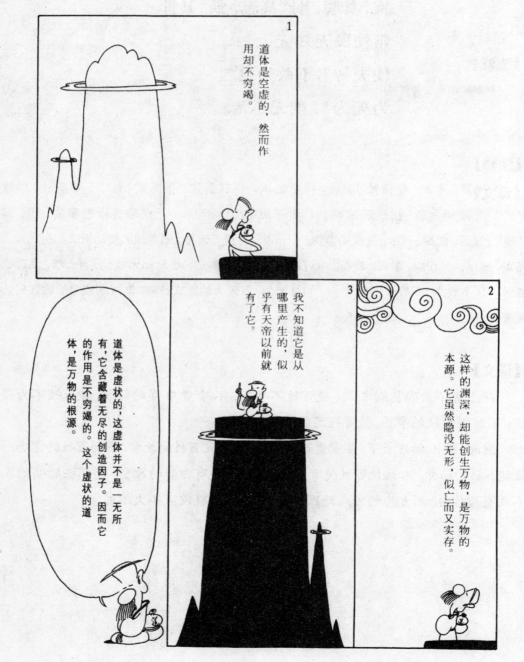

1 道体是空虚的，然而作用却不穷竭。

2 这样的渊深，却能创生万物，是万物的本源。它虽然隐没无形，似亡而又实存。

3 我不知道它是从哪里产生的，似乎有天帝以前就有了它。

道体是虚状的，这虚体并不是一无所有，它含藏着无尽的创造因子。因而它的作用是不穷竭的。这个虚状的道体，是万物的根源。

道冲①，而用之或不盈②。

渊③兮，似万物之宗；

〔挫其锐，解其纷，和其光，同其尘，④〕

湛⑤兮，似或⑥存。

吾不知谁之子，象帝之先⑦。

【注释】

①冲：本为"盅"。引申为空虚。　②不盈：不盈满。盈，充盈，充实。　③渊：深邃。　④此四句疑为第五十六章错简重出。上面"渊兮"句当与"湛兮"句相对成文。　⑤湛：没，隐没。　⑥或：有。　⑦象帝之先：好像在天帝之前。象，好像。帝，天帝。

【译文】

道是空虚的，然而使用它或许不会穷尽。

深邃啊！好像万物的宗主。〔挫折人们的锐气，解决人们的纠纷，混合他们辨识万物的智力之光，规范他们动作行为的世俗之尘，〕隐没啊！又好似实有而存在。

我不知道它是何时产生的，好像是在天帝之前。

道德经图文本

五章

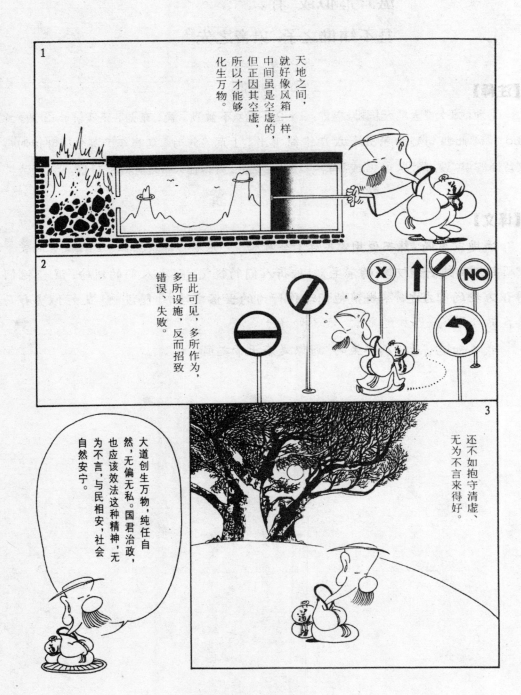

1. 天地之间，就好像风箱一样，中间虽是空虚的，但正因其空虚，所以才能够化生万物。

2. 由此可见，多所设施，多所作为，反而招致错误、失败。

3. 还不如抱守清虚、无为不言来得好。

大道创生万物，纯任自然，无偏无私。国君治政，也应该效法这种精神，无为不言，与民相安，社会自然安宁。

天地不仁①，以万物为刍狗②；

圣人不仁，以百姓为刍狗。

天地之间，其犹橐籥③乎！

虚而不屈④，动而愈出。

多言数⑤穷，不如守中⑥。

【注释】

①天地不仁：天地无所偏爱。　②刍狗：用草扎成的狗，祈雨用来作为祭品。　③橐（tuó）籥（yuè）：风箱。由两部分构成，橐，装气的口袋；籥是通气的竹管。　④屈（jué）："音掘，竭也。"从严复说。　⑤数：通"速"，快。　⑥守中：持守虚静。

【译文】

天地没有偏爱，把万物像刍狗一样对待，全凭万物自然生长；圣人没有偏爱，把百姓像刍狗一样对待，全靠百姓自己成长。

天地之间，岂不像风箱吗！空虚却不竭尽，发动起来而生生不息。

政令繁多反而加速败亡，还不如持守虚静。

道德经图文本

道德经图文本

六章

「道」是永恒存在的，它能产生天地万物，所以称做「玄牝」。

玄牝之门，就是天地的根源了。

它无形地存在着，永存不绝……

而它的作用，无尽无穷，用之不尽。

谷神不死①，是谓玄牝②。

玄牝之门，是谓天地根。

绵绵若存③，用之不勤④。

【注释】

①谷神不死：谷，无水曰谷，空虚。神，变化。不死，变化不停。　②玄牝（pìn）：微妙的母体。　③绵绵若存：永续不绝。　④勤：辛劳，倦怠。

【译文】

虚空的变化永远不停息，这是微妙的母体。

微妙的母性之门，就是天地的根源。

绵延不绝好像永远存在，运行而不知倦怠。

道德经图文本

七章

道德经图文本

1

天地所以能够长久，乃是因为它的一切运作都不是为了自己，所以能够长久。

2

圣人处处谨慎、退让，反而能够赢得爱戴。

3

事事不计较利害得失，反而身受其益。

4

这不正是由于他不自私，结果反而成全了自己。

谦让反而能赢得爱戴，处处为别人着想，反而能够成就自己的理想。

天长地久。

天地所以能长且久者，

以其不自生①，故能长生②。

是以圣人后其身而身先③；

外其身而身存④。

非以其无私邪？故能成其私⑤。

【注释】

①不自生：不为自己而生。　②长生：长久。　③后其身而身先：把自身置于众人之后，却能得到大家的推崇而占先。　④外其身而身存：把自身置于度外，却能保存自己。⑤成其私：成就自己。

【译文】

天地是长久存在的。

天地所以能够长久存在，是因为天地不为自己而生，所以能够长久。

因此，圣人把自身置于众人之后，却能得到大家的推崇而占先；把自身置于度外，却能保存自己。

不正是由于他不自私吗？反而能够成就自己。

道德经图文本

道德经图文本

八章

1 水处于卑下的地方，有道德的人为人谦下。

2 水渊深清明，有道德的人虚静沉默。

3 水施与万物，有道德的人博施不望报。

4 水照万物，各如其形，有道德的人所言至诚，绝不虚伪。

5 水性柔弱，能方能圆，人能效法水的不争，就能产生「利万物」「谦下」的效果，于是就接近「道」了。

上善若水①。

水善利万物而不争，

处众人之所恶②，故几于道③。

居善地④，心善渊⑤，与善仁⑥，

言善信⑦，政善治⑧，事善能⑨，动善时⑩。

夫唯不争，故无尤⑪。

【注释】

①上善若水：上善之人如同水一样。河上公注："上善之人，如水之性。" ②所恶（wù）：厌恶的地方。指低洼之处。 ③几于道：近于道。王弼注："道无水有，故曰几也。" ④居善地：居住低洼之地。 ⑤心善渊：思虑深邃宁静。渊，形容沉静。 ⑥与善仁：交接善良之人。 ⑦言善信：说话遵守信用。 ⑧政善治：为政精于治理。 ⑨事善能：处事发挥特长。 ⑩动善时：行动善于把握时机。 ⑪尤：怨咎。

【译文】

上善的人如同水一样。

水滋养万物而不与之争夺，汇聚在人们厌恶的低洼之地，因此，近于大道。

他居于低洼之地，思虑深邃宁静，交接善良之人，说话遵守信用，为政精于治理，处事发挥特长，行动善于把握时机。

正因为不争夺，所以没有怨咎。

道德经图文本

道德经图文本

九章

2

所以人在成功之后，就激流勇退，这才合于自然之道。

1

生活糜烂，最后反而不能保有这些财宝。

3

完了，钱花光了……

4

就像上天生万物，也是生而不有，为而不恃，功成而不居啊……

持而盈之^①，不如其已^②；

揣而锐之^③，不可长保。

金玉满堂，莫之能守^④；

富贵而骄，自遗其咎^⑤。

功遂身退，天之道也^⑥。

【注释】

①持而盈之：把持而使它盈满。　②已：停止。　③揣而锐之：捶击而使它锐利。　④莫之能守：没有谁能守藏。莫，没有人。之，用在主谓之间取消句子独立性。　⑤咎：灾祸。参见第四十六章。　⑥功遂身退，天之道也：功成身退，是自然的规律。遂，成。功遂，古本多作"功成名遂"。天之道，自然的规律，指四季的运行交替。

【译文】

把持而使它满盈，不如适时停止；

捶击而使它锐利，不能保持长远。

金玉满堂，没有谁能守藏；

富贵而骄，自己招致祸患。

功成身退，这是自然的规律。

道德经图文本

道德经图文本

十章

1 心中紧守着道，精神和形体合一，能不分离吗？

2 听任生理的本能，导致最柔和的心境，能像婴儿一样吗？

3 拂除心智的作用，能没有瑕疵吗？智无不照，能不用心机吗？

4 爱国治民，能自然无为吗？

5 感官和外界接触，能安静谨慎吗？

6 生活必须是形体和精神合一而不偏离。能守「道」可使肉体生活与精神生活臻至于一种和谐的状况。

载营魄抱一①，能无离乎？

专气致柔②，能如婴儿乎？

涤除玄览③，能无疵乎④？

爱民治国，能无为乎？

天门开阖⑤，能为雌⑥乎？

明白四达⑦，能无知乎？

〔生之畜之。生而不有，为而不恃，

长而不宰，是谓"玄德"。⑧〕

道德经图文本

【注释】

①载营魄抱一：守护灵魂与坚持大道。载，加，持。　②专气致柔：聚合精气，归于柔顺。专，聚合。致，归。　③玄览：微妙通明的心镜。　④疵：瑕疵，缺点。　⑤天门开阖：指感官活动和外界接触。天门，喻感官。开阖，动静。　⑥为雌：守静。　⑦明白四达：通达四方。　⑧以上五句疑为第五十一章错简重出。

【译文】

守护灵魂与坚持大道，能够互不分离吗？

聚合精气归于柔顺，能够像婴儿一样吗？

洗涤微妙的心镜，能够没有瑕疵吗？

爱民治国，能够顺应自然吗？

感官活动，能够坚守宁静吗？

通达四方，能够自己认为无知吗？

〔生长万物，养育万物。生长而不占有，蓄养而不依靠，导引而不主宰，这就是"玄德"。〕

道德经图文本

十一章

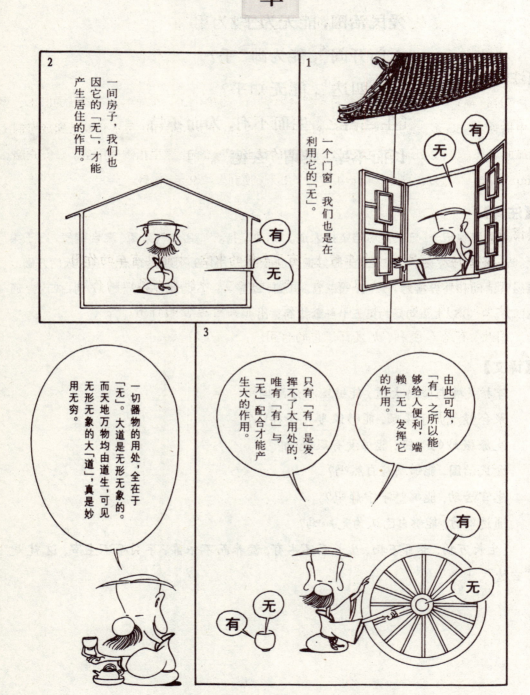

三十辐①，共一毂②，当其无③，有车之用。

埏埴④以为器，当其无⑤，有器之用。

凿户牖⑥以为室，当其无⑦，有室之用。

故有之以为利⑧，无之以为用⑨。

【注释】

　　①辐：辐条，车轮上连接车毂与轮圈的木条。　②毂（gǔ）：车轮中心有圆孔的圆木，其中插轴。　③无：这里指车毂中心的圆孔。　④埏（shān）埴（zhí）：用水和黏土揉成可制器皿的泥坯。埏，以土和泥，揉和。埴，制陶的黏土。　⑤无：这里指陶器中空。　⑥户牖（yǒu）：门窗。　⑦无：这里指门窗中空。　⑧利：便利。　⑨用：作用。

【译文】

　　三十根辐条汇集到一个车毂上，有了车毂的中空，才能具有车的作用。

　　把黏土放进模具做成器皿，有了器皿的中空，才能具有器皿的作用。

　　开凿门窗以为房舍，有了门窗的中空，才能具有房舍的作用。

　　因此，有给人便利，无发挥了它的作用。

道德经图文本

道德经图文本

十二章

2 过分纵情于玩乐，最后必定弄得心神不宁、神不守舍。

1 过分追求味道的享受，最后必定味觉丧失，食不知味。

过分追求金银珠宝，最后必行伤德坏、身败名裂。

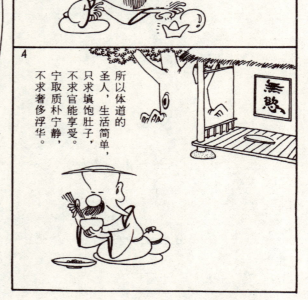

3

4 所以体道的圣人，生活简单，只求填饱肚子，不求官能享受，宁取质朴宁静，不求奢侈浮华。

无憨

欲海难填，不能去欲，必遭灭顶。过分追求欲望而不能节制，其结果不仅不能感到满足、舒适，反而会感到痛，丧失自我。

五色^①令人目盲；五音^②令人耳聋；

五味^③令人口爽^④；驰骋畋猎^⑤令人心发狂；

难得之货，令人行妨^⑥。

是以圣人为腹不为目^⑦，故去彼取此^⑧。

【注释】

①五色：青、赤、黄、白、黑，泛指多种颜色。　②五音：宫、商、角、徵（zhǐ）、羽，泛指多种音乐。　③五味：甘、酸、苦、辛、咸，泛指多种味道。　④爽：伤，败。王弼注："爽，差失也。失口之用，故谓之爽。"　⑤畋猎：打猎。　⑥妨：害，伤。　⑦为腹不为目：只为温饱生存，不求纵情声色。为，理也。引申为经营，谋求。目，借代色、音、味、畋猎、宝货等诸多欲望诱惑。　⑧去彼取此：抛弃物欲，只要温饱。

【译文】

五色缤纷使人眼花缭乱；五音繁乱使人听觉不敏；五味混杂使人口伤；纵马驰骋围猎使人内心疯狂；金玉宝物使人德行败坏。

因此，圣人只为温饱生存，不求纵情声色，所以，抛弃物欲，只要温饱。

道德经图文本

十三章

1
屈辱是低下的，受到屈辱就觉得丢人，所以害怕受到屈辱。

2
我们所以有大的祸患，那是因为我们常想到「自己」的关系……

3
假如我们能够忘了「自己」，那还有什么祸患呢？

所以，如果有一个人愿意牺牲自己为天下人服务，就可以把天下交给他。

4
人应无私、忘我。若能置生死于度外，则一切宠辱祸福，都不足以动摇其心志了，那还何「惊」之有呢？

宠辱若惊①，贵大患若身②。

何谓宠辱若惊？宠为下③，

得之若惊，失之若惊④，是谓宠辱若惊。

何谓贵大患若身？

吾所以有大患者，为吾有身，

及吾无身，吾有何患⑤？

故贵以身为天下，若可寄天下；

爱以身为天下，若可托天下。

道德经图文本

【注释】

①宠辱若惊：得宠和受辱都使人惊慌。若，则，就。　②贵大患若身：重视自己的身体如同重视祸患一样。若，如。　③宠为下：得宠是不光荣的。下为卑下义。　④得之若惊，失之若惊：得到宠辱感到惊恐，失去宠辱也感到惊恐。　⑤及吾无身，吾有何患：如果我没有自身的私利，我还有什么祸患？及，若，如果，从王引之《经传释词》说。

【译文】

得宠和受辱就感到惊恐不安，重视自己的身体如同重视祸患一样。

为什么说得宠和受辱就感到惊恐不安？得宠乃是下等的，得到宠辱感到惊恐，失去宠辱也感到惊恐，这就是说，得宠和受辱都感到惊恐不安。

为什么说重视自己的身体如同重视祸患一样？

我所以有祸患，是因为我有自身的私利；如果我没有自身的私利，我还有什么祸患？

所以，能够以贵身的态度去治理天下，才可以把天下托付给他；以爱身的态度去治理天下，才可以把天下委托给他。

十四章

1. 它既不光亮，也不昏暗，渺茫难以形容。它回复到无形无象的状态……这叫做没有状态，它回复到无形无象的状态……这叫做没有形状的形状，没有物体的形象，这叫做「惚恍」。

2. 迎着它，看不见它的头；跟着它，又看不见它的尾……

3. 能把握这亘古就已存在的道，就可以控驭现在的一切事物。能够知道原始的情形，就知道「道」的规律了。

「道」虽不可见、不可闻、不可搏，但确实是超越时空而存在。它虽然无形无象，但确是万事万物的主宰。

视之不见，名曰"夷"①；

听之不闻，名曰"希"②；

搏③之不得，名曰"微"④。

此三者不可致诘⑤，故混而为一。

其上不皦⑥，其下不昧⑦，

绳绳兮⑧不可名，复归于无物⑨。

是谓无状之状，无物之象，是谓惚恍⑩。

迎之不见其首；随之不见其后。

执古之道，以御今之有⑪。

能知古始⑫，是谓道纪⑬。

道德经图文本

【注释】

　　①夷：《经典释文》曰："钟会云：'灭也，平也。'"即无形。　②希：《经典释文》曰："希，疏也，静也。"即无声。　③搏：拊拍。　④微：《经典释文》曰："细也。"即无形体。　⑤诘（jié）：讯问，追究，思议。　⑥皦（jiǎo）：洁白，光明。一作"皎"，《说文》"皦，玉石之白也。""皎，月之白也。"　⑦昧：阴暗。　⑧绳（mǐn）绳兮：纷纭不绝，无边无际。　⑨复归于无物：还原为没有形态。复归，还原。无物，没有形态。　⑩惚恍：似有似无，茫然不定。　⑪以御今之有：用来驾御当今的具体事物。　⑫古始：宇宙的初始。　⑬道纪：道的纲纪。

【译文】

　　看却看不着，叫做"夷"；听却听不着，叫做"希"；拍却拍不着，叫做"微"。这三者无从推问，因此混沌为一体。它的上面不光明，它的下面不阴暗，无边无际啊不可名状，最终还原为没有形态。这就是没有形状的状，没有物象的象，称做惚恍。迎着它看不见它的前头；追随它看不见它的后背。把握古有之道，用来驾御当今的具体事物。能够了解宇宙的初始，就称为道的纲纪。

道德经图文本

十五章

1 谁能在动荡中安静下来而慢慢地澄清!

2 谁能在安定中变动起来而慢慢地趋进!

3 能够把握这个道理的人,他是不肯自满的。

4 正因为他不肯自满,所以能去旧更新,心灵永远保持着清明活泼。

得「道」的人,是细致、深刻而通达的,他小心谨慎、淳朴谦虚,他办事不求圆满,故不会遭到失败。

古之善为士者①，微妙玄通，深不可识。

夫唯不可识，故强为之容②：

豫③兮若冬涉川；犹④兮若畏四邻；

俨兮其若客⑤；涣兮其若释⑥；

敦兮其若朴⑦；旷⑧兮其若谷；

混⑨兮其若浊；

孰能浊以静之徐清⑩，孰能安以动之徐生⑪。

保此道者，不欲盈⑫。

夫唯不盈，故能蔽而新成⑬。

【注释】

①善为士者：善于行道的人。　②容：形容。　③豫：迟疑。　④犹：犹豫。　⑤俨兮其若客：恭敬庄重，像充当宾客。　⑥涣兮其若释：融化流散，像河冰消解。涣，流散。　⑦敦兮其若朴：纯厚自然，像未经雕凿的原木。敦，纯厚。朴，未经雕凿的原木。　⑧旷：空旷。　⑨混：浑，浑厚。　⑩徐清：慢慢澄清。　⑪徐生：慢慢产生。　⑫不欲盈：不求盈满。　⑬蔽而新成：敝旧却能新生。蔽，通"敝"。

【译文】

古代善于行道的人，精微玄妙，深邃而不可认识。

正因为不可认识，只能勉强地来形容描述它：

迟疑踌躇啊，像冬天涉过江河；犹豫狐疑啊，像畏惧四面的威胁；恭敬庄重啊，像充当宾客；融化流散啊，像河冰消解；纯厚自然啊，像未经雕凿的原木；空旷宽阔啊，像远山的幽谷；浑厚质朴啊，像混浊的水流；谁能够将浊水静止，慢慢澄清，谁能在安定中启动，慢慢产生。

保持这些大道的人，不求满盈。正因为不满盈，所以敝旧却能新生。

道德经图文本

十六章

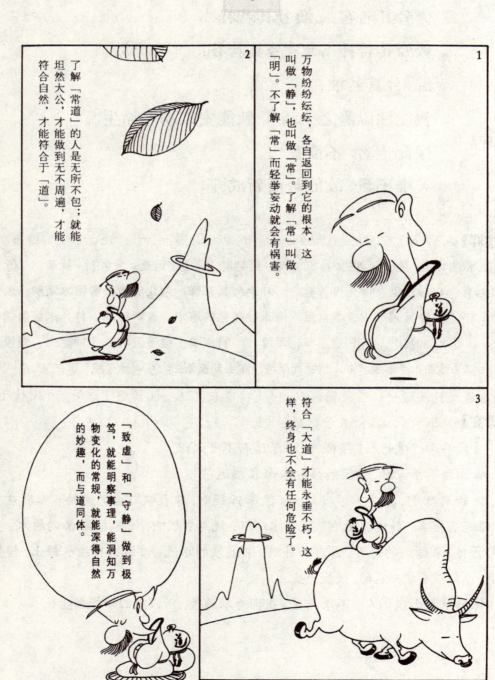

1

万物纷纷纭纭，各自返回到它的根本，这叫做「静」，也叫做「常」。了解「常」叫做「明」。不了解「常」而轻举妄动就会有祸害。

2

了解「常道」的人是无所不包的；就能坦然大公，才能做到无不周遍，才能符合自然，才能符合于「道」。

3

符合「大道」才能永垂不朽，这样，终身也不会有任何危险了。

「致虚」和「守静」做到极笃，就能明察事理，能洞知万物变化的常规，就能深得自然的妙趣，而与道同体。

致虚极^①，守静笃^②。

万物并作^③，吾以观复^④。

夫物芸芸^⑤，各复归其根。

归根^⑥曰静，静曰复命^⑦。

复命曰常^⑧，知常曰明^⑨。

不知常，妄作凶^⑩。

知常容^⑪，容乃公^⑫，公乃全^⑬，

全乃天^⑭，天乃道，道乃久，没身不殆^⑮。

【注释】

①致虚极：达到极端的空虚无欲。 ②守静笃：坚守彻底的清静无为。"极"、"笃"对举，均为"极度"、"顶点"义。 ③并作：一起生成活动。 ④观复：观察循环往复的规律。复，返。 ⑤芸芸：纷繁众多。 ⑥归根：回归本原。 ⑦复命：复归生命之本。 ⑧常：永恒不变的规律。 ⑨明：指准确地认识和把握规律。 ⑩妄作凶：轻举妄动干出凶险之事。 ⑪容：包容。 ⑫公：公正。 ⑬全：全面，普遍。 ⑭天：天地自然。 ⑮没身不殆：终生没有危险。

【译文】

达到极端的空虚无欲，坚守彻底的清静无为。

万物一起生长，我来观察其中循环往复的规律。

万物纷繁众多，各自回归本原。回归本原叫做静，静叫做复命，复命叫做常，认识把握常叫做明。不认识把握常，就会轻举妄动干出凶险之事。

能够认识把握常就能包容，能够包容就能公正，能够公正就能普遍，能够普遍就能符合天地自然，能够符合天地自然就能符合道，能够符合道就能长久，终生没有危险。

道德经图文本

十七章

第四等的国君，用权术愚弄人民，用诡计欺骗人民。

第三等的国君，用政教治理人民，用刑法威吓人民。

最好的政治是「无为而治」，人民各顺其性、各安其生，得到了最大的益处。功成事遂，老百姓还是浑然不觉，说是自然如此的哩！

太上①，下知有之②；

其次，亲而誉之；

其次，畏之；其次，侮之。

信不足焉，有不信焉③。

悠兮其贵言④。

功成事遂，百姓皆谓："我自然⑤。"

【注释】

①太上：最好，至上，是价值等级的排列。　②下知有之：人民只知道君王存在。　③信不足焉，有不信焉：君王诚信不够，百姓自然不会相信他。　④悠兮其贵言：君王悠闲啊，不会轻易发号施令。贵言，不多说，亦即不轻易发号施令。　⑤自然：自己如此。

【译文】

最好的时代，人民只是感觉到统治者的存在；其次，百姓亲近赞誉他；再其次，百姓畏惧害怕他；更其次，百姓侮辱他。

侯王的诚信不够，百姓自然不会相信他。

最好的侯王悠闲啊，不会轻易地发号施令。

功业成就，百姓都说："我们本来是这样的。"

道德经图文本

十八章

国家清明的时候，臣子们各司其所，各尽其职，没有所谓的忠臣。

他们都是我的臣子！

1

国家昏乱以后，臣子不能负责尽职，忠臣才随之产生了。

2

他才是我的忠臣！

3

仁义、智慧、孝慈、忠臣，这些都是在大道废弃、纯朴破灭以后才产生的。它们的产生，正说明了道德的破产、人心的堕落，这是社会退步，而不是进步。

大道废，有仁义；

智慧出①，有大伪；

六亲不和，有孝慈②；

国家昏乱，有忠臣。

【注释】

①智慧出：智，《释名·释言语》："智，知也，无所不知也。"慧，聪敏、聪明。　②六亲不和，有孝慈：六亲不和睦，才有孝子慈父。六亲，父母兄弟妻子。陈鼓应说六亲为父、子、兄、弟、夫、妇。孝慈，孝子慈父。

【译文】

大道废弃，才会提倡仁义；

智谋出现，才会产生伪诈；

六亲不和睦，才有孝子慈父；

国家昏乱，才会出现忠臣。

道德经图文本

十九章

绝圣弃智，民利百倍；

绝仁弃义，民复孝慈；

绝巧弃利，盗贼无有。

此三者以为文，不足。

故令有所属^①：

见素抱朴^②，少私寡欲。

【注释】

①所属：归属的地方。 ②见（xiàn）素抱朴：显现并坚守朴素。见，同"现"，显现。素，未染色的丝。抱，坚守。朴，未雕凿的原木。

【译文】

杜绝抛弃聪明巧智，人民可以得到百倍的好处；

杜绝抛弃仁义，人民可以恢复孝慈的天性；

抛弃巧诈和货利，盗贼就自然会消失。

这三者全是巧饰的，不足以治理天下。

所以要使人有所归属：

显现并保持质朴，减少私欲。

道德经图文本

道德经图文本

二十章

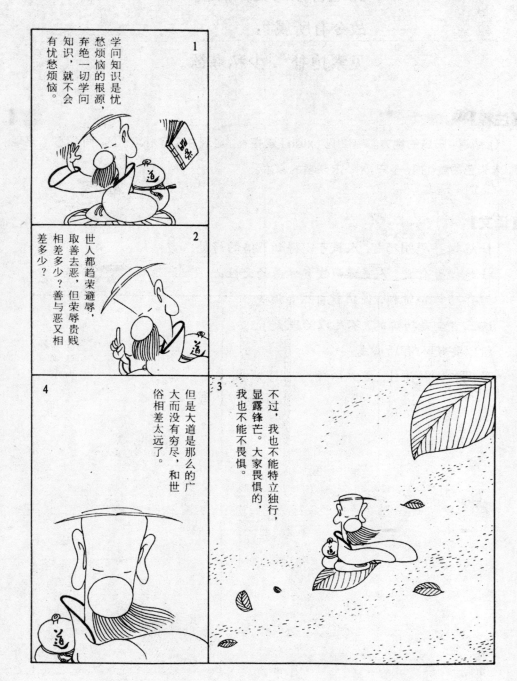

1 学问知识是忧愁烦恼的根源，弃绝一切学问知识，就不会有忧愁烦恼。

2 世人都趋荣避辱，取善去恶，但荣辱贵贱相差多少？善与恶又相差多少？

3 不过，我也不能特立独行，显露锋芒。大家畏惧的，我也不能不畏惧。

4 但是大道是那么的广大而没有穷尽，和世俗相差太远了。

众人都兴高采烈的样子，好像参加丰盛的筵席。又像春天登台眺望景色。

唯独我恬淡无动于衷，好像不知嬉笑的婴儿。疲惫的样子，好像无家可归！

5

众人都有多余，唯独我好像不足的样子，我真是愚人的心肠啊！混沌的样子。

6

世人都光耀自炫，唯独我昏昏昧昧的样子。

7

世人都精明灵巧，唯独我无所识别的样子。

8

众人都好像有作为，唯独我愚昧而笨拙。我和世人不同，而重视「道」的生活。

9

贵、贱、善、恶、是、非、美、丑，这些价值判断并没有绝对性，只不过是相对形成的，经常随时代、环境而更改。世俗的人纵情于声、色、货、利，生活应该甘守淡泊，潇然无系，但求精神的提升。

绝学无忧。

唯之与阿①，相去几何？

美之与恶，相去若何？

人之所畏，不可不畏②。

荒兮，其未央哉③！

众人熙熙④，如享太牢⑤，如春登台⑥；

我独泊兮⑦，其未兆⑧，

如婴儿之未孩⑨；

儽儽兮，若无所归。

众人皆有馀，而我独若遗。

我愚人之心也哉！沌沌兮⑩！

俗人昭昭，我独昏昏；

俗人察察，我独闷闷。

澹兮其若海，飂兮若无止。

众人皆有以，而我独顽且鄙。

我独异于人，而贵食母⑪。

【注释】

　　①唯之与阿：唯声与阿声，应诺声。阿，同"诃"。唯，对上；阿，对下。　　②人之所畏，不可不畏：人们所畏惧的，我不能不怕。　　③荒兮，其未央哉：宇宙是如此宽阔啊，好像没有尽头！荒，宽广，遥远。未央，未到边际尽头。以上是说与众人相同之处。　　④熙熙：纵欲狂欢的样子。　　⑤太牢：用牛、羊、猪三牲之肉做成食品，用于祭祀或盛筵，称为太牢。　　⑥如春登台：如同春天登上高台，极目远望。　　⑦泊：淡泊。　　⑧未兆：没有征兆，无动于衷。　　⑨孩：小儿笑。　　⑩沌（dùn）沌兮：浑浑沌沌的样子。　　⑪食母：用道。食，用。母，指道。

【译文】

抛弃圣智礼法的学问，没有忧虑。

唯声与阿声，相差多少？

美丽与丑陋，相差几何？

人们所畏惧的，我不能不害怕。

宇宙是如此宽阔啊，从古到今，世风流转，好像没有尽头！

然而，众人都在纵欲狂欢，如同享用太牢的盛筵，如同春天登上高台极目远望；而我却独自淡泊宁静啊，无动于衷，好像婴儿不知嘻笑；疲劳困顿的样子啊，好像无所归依。

众人都有剩余，而唯独我好像不足。

我真是愚人的心肠啊！浑浑沌沌啊！

世俗的人都活得明白鲜亮，而我却过得糊涂暗昧；世俗的人活得洁净精明，而我却过得浑浊质朴。

沉静的样子好像是湛深的大海；飘逸的样子好像无有止境。

大家都有作为，我却顽愚而且鄙陋。

我独与世人不同，而是重视取法于道。

二十一章

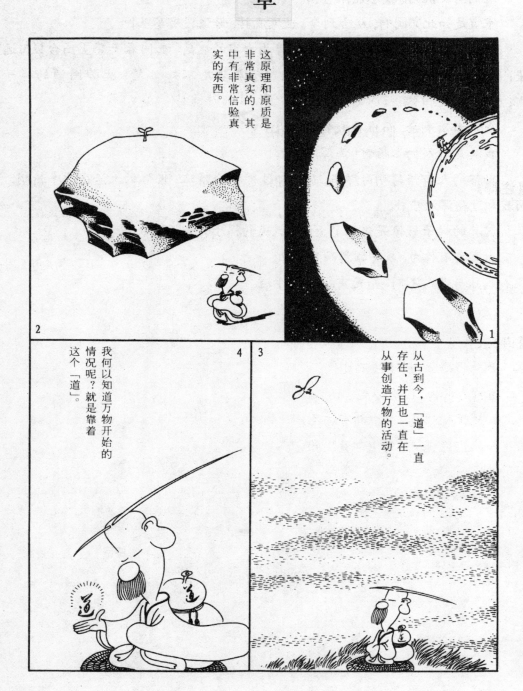

这原理和原质是非常真实的，其中有非常信验真实的东西。

从古到今，「道」一直存在，并且也一直在从事创造万物的活动。

我何以知道万物开始的情况呢？就是靠着这个「道」。

孔德之容①，惟道是从②。

道之为物，惟恍惟惚③。

惚兮恍兮，其中有象④；

恍兮惚兮，其中有物。

窈兮冥兮⑤，其中有精⑥；

其精甚真⑦，其中有信。

自古及今，其名不去，以阅众甫⑧。

吾何以知众甫之状哉？以此⑨。

【注释】

①孔德之容：大德的模样。孔，大。德，道的体现。容，容貌，模样。　②惟道是从：只有跟随着道而变化。　③道之为物，惟恍惟惚：道作为事物，似有似无。　④象：迹象。　⑤窈兮冥兮：遥远幽深。　⑥精：精神，规律。　⑦真：真切。　⑧以阅众甫：用来视察万物的初始。阅，视，察。甫，始。　⑨以此：由道认识的。

【译文】

大德的模样，随着道而变化。

道作为事物，似有似无。

如此恍恍惚惚，其中却有迹象；

如此惚惚恍恍，其中却有实物。

遥远幽深啊，其中却有精神；

这精神非常真切，可以得到验证。

从古到今，它的名字永远不会消失，可以用来视察万物的初始。

我怎么知道万物的情状呢？从道认识的。

道德经图文本

二十二章

少取反而多得。

1

有道。
有道。

2

贪多弄得迷惑。

所以圣人守「道」，作为天下事理的范式。

3

4

不自我表扬，反能显明；
不自以为是，反能彰显；
不自我夸耀，反能见功；
不自我矜恃，反能长久。

5

正因为不跟人争，所以天下没有人和他争。古人说的「委屈可以保全」等话，怎么会是空话呢？

常人总是喜欢追求事物的显象，求「全」求「盈」，因而引起无数争纷。人应处柔守弱，谦虚退让，从而达到「不争」的境界。

曲则全^①，枉则直^②，洼则盈^③，

敝则新^④，少则得^⑤，多则惑^⑥。

是以圣人抱一为天下式^⑦。

不自见，故明^⑧；

不自是，故彰^⑨；

不自伐，故有功^⑩；

不自矜，故长^⑪。

夫唯不争，故天下莫能与之争。

古之所谓"曲则全"者，岂虚言哉！

诚^⑫全而归之。

【注释】

①曲则全：弯曲反能保全。 ②枉则直：委屈反能伸直。 ③洼则盈：低洼反能盈满。 ④敝则新：破旧反能更新。 ⑤少则得：少取反能多得。 ⑥多则惑：贪多反而惑乱。 ⑦圣人抱一为天下式：圣人坚守大道为天下的楷模。式，法式，楷模。 ⑧不自见（xiàn），故明：不自我表现，反而彰明。见，同"现"，显现。明，彰明。 ⑨不自是，故彰：不自以为是，反而彰显。是，正确。彰，彰显，显著。 ⑩不自伐，故有功：不自我炫耀，反而有功。伐，夸。 ⑪不自矜，故长：不自我骄傲，反而长久。矜，矜夸，骄傲。 ⑫诚：确实。

【译文】

弯曲反能保全，委屈反能伸直，低洼反能盈满，破旧反能更新，少取反能多得，贪多反而惑乱。

因此，圣人坚守大道为天下的楷模。

不自我表现，反而彰明；不自以为是，反而彰显；不自我炫耀，反而有功；不自我骄傲，反而长久。

正因为不与人争，因此天下没人和他争。古人所说的"弯曲反能保全"的话，难道是空话吗！确实能够达到。

二十三章

1
得到德的人，德也乐于得到他；

2
得到不道不德的人，不道不德也乐于得到他。

差劲！

没品。

3
为政者的诚信不足，人民就自然不信任他。

哇！

治理政事当依循自然、顺从民意，不可妄作非为。妄作非为必不能长久，因为天地妄作狂风暴雨都不能长久了，何况人呢？

希言自然①。

故飘风不终朝②，骤雨不终日③。

孰为此者？

天地。天地尚不能久，而况于人乎？

故从事于道者，同于道④；

德者，同于德⑤；失者⑥，同于失。

同于德者，道亦德之；

同于失者，道亦失之。

信不足焉，有不信焉。

【注释】

①希言自然：不言教令是符合自然规律的。　②飘风不终朝：狂风刮不了一个早晨。飘风，疾风，暴风。　③骤雨不终日：暴雨下不了一整天。　④从事于道者，同于道：从事于道的人，行为就与道相同。　⑤德者，同于德：从事于德的人，行为就与德相同。　⑥失者：表现失道失德的人。

【译文】

不言教令是符合自然规律的。

因此，狂风刮不了一个早晨，暴雨下不了一整天。谁使它这样的？天地。天地尚且不能让狂风暴雨持久，何况人呢？

所以，从事于道的人，行为就与道相同；从事于德的人，行为就与德相同；表现失道失德的人，就会丧失所有。

同于德的行为，道会得到他；行为失德的，道也会抛弃他。

统治者的诚信不足，人民自然不相信他。

道德经图文本

二十四章

企者不立^①；跨者不行^②；

自见者不明^③；自是者不彰^④；

自伐者无功^⑤；自矜者不长^⑥。

其在道也，曰：馀食赘行^⑦。

物或恶之^⑧，故有道者不处^⑨。

道德经图文本

【注释】

①企者不立：踮起脚跟的人难以久立。企，踮起脚跟，通"跂"。《荀子·劝学》："吾尝跂而望矣。"《说文》："企，举踵也。" ②跨者不行：跨越走路的人难以远行。 ③自见者不明：自我表现的人，不彰明。 ④自是者不彰：自以为是的人，不彰显。 ⑤自伐者无功：自我炫耀的人，没有功。 ⑥自矜者不长：自我骄傲的人，不长久。 ⑦馀食赘行：剩饭赘瘤。行，通"形"。 ⑧物或恶（wù）之：鬼神都要厌恶他。物，鬼神。恶，厌恶。 ⑨不处：不居于此，不这样做。处，居。

【译文】

踮起脚跟的人难以久立；跨越走路的人难以远行；

自我表现的人，不彰明；自以为是的人，不彰显；

自我炫耀的人，没有功；自我骄傲的人，不长久。

从道的观点来看，这些急躁炫耀的行为，可以说都是剩饭赘瘤。

惹人厌恶。因此，有道的人不这样做。

二十五章

1
强勉地描述它的形状，可说广大无边，广大无边就运行不息，运行不息就无远不到……

2
无远不到就返转还原，又返回到寂寥虚无。

3
所以说：
道大，
天大，
地大，
人也大，
宇宙间有四大，
而人居其一。

4
人以地为法则，
地以天为法则，
天以道为法则，
道则以自然为法则。

道生万物，万物无时不在变化，唯有道永恒不变，作用永不停止。
道创生万物，并非有任何意图，只是顺应自然，听任万物的自化罢了，正因如此，道才能包举天地，纵贯古今，而为万物所推戴。

有物混成①，先天地生②。

寂兮寥兮③，独立而不改④，

周行而不殆⑤，可以为天下母⑥。

吾不知其名，强字之曰"道"，强为之名曰"大"。

大曰逝⑦，逝曰远⑧，远曰反⑨。

故道大，天大，地大，人亦大。

域中⑩有四大，而人居其一焉。

人法⑪地，地法天，天法道，道法自然。

【注释】

①有物混成：有一个东西混沌而成。物，指道。 ②先天地生：先于天地而存在。 ③寂兮寥兮：寂静啊，空虚啊。寂，无声。寥，空虚。 ④独立而不改：独自生存而永不改变。 ⑤周行而不殆：循环运行而永不懈怠。周，匝，环绕。殆，通"怠"。 ⑥天下母：天地万物的根源。 ⑦逝：往行，运行不息。《说文》："逝，往也。"王弼注："逝，行也。" ⑧远：遥远，延伸遥远。 ⑨反：同"返"，返回，返回本原。 ⑩域中：宇宙中。 ⑪法：效法。

【译文】

有一个东西混沌而成，先于天地而存在。

寂静啊，空虚啊，独自生存而永不改变，循环运行而永不懈怠，可以成为天地万物的本原。

我不知道它的名字，勉强地称它为"道"，勉强地称它为"大"。

大又称为逝，逝又称为远，远又称为反。

因此说，道大，天大，地大，人也大。宇宙中有四大，而人居于四大之一。

人效法地，地效法天，天效法道，道效法自然。

道德经图文本

道德经图文本

二十六章

2

一个万乘之国的君主，怎么可以轻浮急躁地来治理天下呢？

1

虽然有华丽的物质享受，却能泰然处之，不受它左右。

3

轻浮就失去了根本，急躁就不能清静了。

重能御轻，静能制动，治理国家的人应该要处重守静，夷险一节，这样才能置国家于泰山之安。如果轻率将事，妄作妄为，必将身亡国灭。

重为轻根①，静为躁君②。

是以君子终日行不离辎重③。

虽有荣观，燕处超然④。

奈何万乘之主，而以身轻天下⑤？

轻则失根⑥，躁则失君⑦。

【注释】

①重为轻根：稳重是轻率的根本。　②静为躁君：沉静是浮躁的主宰。　③辎重：有衣车，四面有屏蔽的车。　④虽有荣观，燕处超然：虽然有华美之居，却安处其中而超然物外。荣，豪华、高达。观，台观，楼观。燕处，安居。　⑤以身轻天下：自身轻浮地面对天下。　⑥轻则失根：轻率就会丧失根本。　⑦躁则失君：浮躁就会丧失主宰。

【译文】

稳重是轻率的根本，沉静是浮躁的主宰。

因此，君子整天外出不离开四面屏蔽的车辆。

虽然有华美之居，却安居泰然。

为什么万乘之君还自身轻浮地面对天下呢？

轻率就会丧失根本，浮躁就会丧失主宰。

道德经图文本

二十七章

1

所以善人可以做不善人的老师，

应该向他学习啊！

如果不善人不尊重善人……

2

不善人可以做为善人的借鉴。

不能像他这样

啊……

3

我为何要向他学习？

瞧不起了！

4

善人不珍视不善之人作为借鉴……

这种人最令人

虽然自以为聪明，其实是大迷糊。这个道理真是奥妙啊！

5

圣人顺任自然以待人接物，以无弃人、无弃物的胸怀，对善人和不善人都能一律加以善待。

善行无辙迹①；善言无瑕谪②；

善数③不用筹策④；善闭无关楗⑤而不可开；

善结无绳约⑥而不可解。

是以圣人常善救人，故无弃人；

常善救物，故无弃物。是谓袭明⑦。

故善人者，不善人之师；

不善人者，善人之资⑧。

不贵其师，不爱其资，

虽智大迷，是谓要妙⑨。

【注释】

　①辙迹：车辙的痕迹。　②瑕谪：瑕疵，过失。　③善数：善于计算。　④筹策：古代计算用的器具。　⑤关楗（jiàn）：门闩。　⑥绳约：绳索。　⑦袭明：含藏着明。袭，承续，因袭，有保持、含藏义。　⑧资：取资，借资。　⑨要妙：精要微妙。

【译文】

　　善于行车的人，不留下车痕；善于言谈的人，没有瑕疵；善于计算的人，不用筹码；善于关门的人，没有门闩却不可开；善于捆绑的人，没有绳索却不可解。

　　因此，圣人善于经常救助他人，所以没有被抛弃的人；善于经常拯救万物，所以没有被抛弃的物。这就叫做袭明。

　　因此，善人可以作为不善人的老师；不善人可以作为善人的借鉴。

　　不尊重他的老师，不珍惜他的借鉴，虽然自以为聪明，其实是最大的糊涂，这真是精微的道理。

道德经图文本

二十八章

2 圣人守住真朴，就能成为百官的领袖。

1 真朴的「道」分散了，成为天下万物。

3 所以完善的政治要顺自然而行，不可设饰造作、支离割裂。

人要守柔、处下、不争，为政者应守朴无为，能长久做到这样，即能做到纯朴自然无争于天下。而天下人也无法与之相争。

道德经图文本

知其雄，守其雌①，为天下谿②。

为天下谿，常德不离③，复归于婴儿。

知其白，〔守其黑，为天下式。为天下式，

常德不忒，复归于无极。知其荣，④〕

守其辱⑤，为天下谷⑥。

为天下谷，常德乃足，复归于朴⑦。

朴散则为器⑧，圣人用之，

则为官长⑨，故大制不割⑩。

【注释】

　①知其雄，守其雌：深知自己雄强，却甘守雌柔。　②天下谿：言其处于天下低洼之地。谿，山间小水沟，溪涧。　③常德不离：永恒的德不会离身。　④以上六句为后人所窜入，易顺鼎、马叙伦、高亨、张松如都认同这种说法。　⑤辱：污黑。范应元注："辱，黑垢也。"易顺鼎引《仪礼·士昏礼》注："以白造缁曰辱。"参见第四十一章。　⑥谷：有水曰溪，无水曰谷。谷无水则空虚。　⑦复归于朴：恢复到质朴的状态。　⑧朴散则为器：质朴分散为各种器具。　⑨官长：百官之长。　⑩大制不割：完美的制度是不会伤害百姓的。割，害。

【译文】

　深知自己雄强，却甘守雌柔，作为天下的溪涧。

　作为天下的溪涧，永恒的德不会离身，就恢复到婴儿的纯真状态。

　深知自己的洁白，〔能独守卑低之境，成为天下人的楷模。能够懂得知白守黑的道理并为天下人的法式，常德就不会偏差，而回复到万物之始的幽妙之地。虽然知道自己能够显赫发展，〕却甘守污黑，作为天下的空谷。

　作为天下的空谷，永恒的德才能充足，恢复到质朴的状态。

　质朴分散为各种器具，圣人使用这些器具，就可以成为百官之长。所以说，完美的制度是不会伤害百姓的。

道德经图文本

二十九章

人的禀性情状各有不同：有积极，有消极；有嘘暖，有吹寒；有刚强，有柔弱；有安定，有危险。

因此圣人治理天下，顺人情，依物势。

必自然无为而治，而去除一切极端的、过分的措施。

世间的物性不同，人性各别，为政者要能允许差异性与特殊性的发展，不可强行！理想的政治应顺任自然，因势利导，要舍弃一切过度的措施，去除一切激烈的政举。

将欲取①天下而为②之，

吾见其不得③已。

天下神器④，不可为也，〔不可执⑤也。〕

为者败之，执者失之。

故物⑥或行或随⑦；

或嘘或吹⑧；或强或羸⑨；

或培或堕⑩。

是以圣人去甚⑪，去奢⑫，去泰⑬。

道德经图文本

【注释】

①取：为，治。　②为：指"有为"，强力去做。　③不得：不可得，不会达到目的。　④天下神器：天下是神圣的东西。　⑤执：把持。此句依易顺鼎、刘师培说加。　⑥物：万物。　⑦或行或随：有前有后。行，前行。随，后随。　⑧或嘘或吹：有缓有急。嘘，出气缓。吹，出气急。　⑨或强或羸（léi）：有刚强有羸弱。强，刚强。羸，羸弱。　⑩或培或堕：各本不同，从高明《帛书老子校注》说。　⑪甚：极端。　⑫奢：奢侈。　⑬泰：过分。

【译文】

想要治理天下却用强力去做，我看他是不能达到目的了。

天下是神圣的东西，不能出于强力，〔不能加以把持。〕

出于强力的，一定会失败；加以把持的，一定会失去。

世人性情不一，有的前行，有的随后；有的性缓，有的性急；有的强健，有的羸弱；有的自爱，有的自毁。

所以圣人要去除极端的、奢侈的、过度的措施。

道德经图文本

三十章

2

要知达到目的也是出于不得已的，所以达到目的就不必逞强。

1

达到目的却不自高自大，达到目的却不自吹自擂，达到目的却不自骄自傲。

4

不合于道的事，就如同飘风骤雨，很快就会消逝。

3

凡是气势壮盛时，便开始转为衰弱，所以争胜逞强是不合于道的。

人类最愚昧最残酷的行为，莫过于战争这件事。败者也是伤残累累。所以用兵应不矜不伐，处于不得已时才用兵，达到目的后就应自止。

以道佐人主者，不以兵强天下。

其事好还①。

师之所处，荆棘生焉。

大军之后，必有凶年。

善有果而已，不敢②以取强。

果而勿矜③，果而勿伐④，

果而勿骄，果而不得已，果而勿强⑤。

物壮则老，是谓不道，不道早已。

【注释】

①好还：容易受到报应。好，容易。还，报应。　②敢：俞樾认为是衍文。　③矜：矜夸。　④伐：炫耀。　⑤强：逞强。

【译文】

用道辅佐君王的人，不靠军队逞强于天下。

这件事情容易受到报应。

军队所到之处，荆棘丛生。

大战之后，必有荒年。

善于用兵的人只求取得胜利罢了，不敢凭武力来取得称霸的地位。

胜利了而不要矜夸，胜利了而不要炫耀，胜利了而不要骄傲，胜利是出于不得已，胜利了而不要逞强。

事物发展到盛壮就会衰老，这就不符合道了，不符合道就会提早消亡。

道德经图文本

三十一章

1

杀杀杀
杀杀！

兵器是不祥的东西，不是君子所使用的东西。万不得已而使用它，最好要淡然处之。胜利了也不要得意，如果得意就是喜欢杀人，就不能在天下得到成功。

2

吉

丧

吉庆的事情以左为上。

凶丧的事情以右为上。

3

左！

右！

用兵作战的时候，偏将军处左，上将军在右，这是把战争当作丧事来看待。

4

丧

杀人多了，要以悲哀的心情来哀悼他们，即使打胜了，也要以丧事来处理。

武力带来凶灾祸害，用兵是不得已的事，应该心平气和，只求达到目的就好了。

夫兵者，不祥之器，物或恶之，故有道者不处。

君子居则贵左，用兵则贵右①。

兵者不祥之器，非君子之器，不得已而用之，恬淡②为上。

胜而不美，而美之者，是乐杀人。

夫乐杀人者，则不可得志于天下矣。

吉事尚左，凶事尚右。

偏将军居左，上将军居右。言以丧礼处之。

杀人之众，以悲哀泣③之，战胜以丧礼处之。

【注释】

①"贵左"、"贵右"以及下文中"尚左"、"尚右"，"居左"、"居右"，都是古代礼仪的规定。　②恬淡：宁静，安适。　③泣：即"莅"，面临，对待。

【译文】

兵器，是不吉祥的器具，连鬼神都厌恶它，因此有道的人远离而不用。

君子平常以左为贵，用兵时以右为贵。

兵器是不吉祥的器具，不是君子所用的器具，万不得已才使用它，要以宁静安适为上。

胜利了却不赞美，如果赞美胜利，就是喜欢杀人。

那些喜欢杀人的人，不能在天下实现统治的愿望。

吉庆的事情以左为上，凶丧的事情以右为上。

偏将军在左，上将军在右，这是说出兵打仗用丧礼的仪式安排。

杀人很多，要用悲伤的心情去对待；打了胜仗，也要用丧礼去纪念。

道常无名、朴①。

虽小，天下莫能臣②。

侯王若能守之，万物将自宾③。

天地相合，以降甘露，民莫之令而自均。

始制有名④，名亦既有，

夫亦将知止，知止可以不殆⑤。

譬道之在天下，犹川谷之于江海⑥。

【注释】

①道常无名、朴：道永远无名，处于质朴的状态。　②虽小，天下莫能臣：道虽然隐微，天下没有谁能够臣服它。　③自宾：自己宾服。　④始制有名：万物出现后，才产生了各种名称。制，作。　⑤知止可以不殆：知道界限就可以没有危险。止，禁止，界限。不殆，没有危险。　⑥此为倒文。当以"川谷"喻"天下"，以"江海"喻"道"。

【译文】

道永远无名，处于质朴的状态。

它虽然隐微，天下没有谁能够臣服它。

侯王如果坚守它，万物将会自己宾服。

天地阴阳相交合，就降下甘露，百姓没有谁命令它而自然均匀。

万物出现后，就产生了各种名称，名称既然有了，也就知道各自的界限，知道界限可以没有危险。

譬如道对于天下的关系，就好像江海对于川谷的关系一样。

三十三章

1　能够体道而强行不息的，便可算是有志。

2　以道为本而可防守不失的，便可算是长久。

身虽死亡而精神不朽的，便可算是长寿。

3

每一个人都有私、有欲，要想去私欲必先自反自省，然后自清自虚。若能做到自知、自胜、知足和强行，那么就可以算是得道了。

知人者智，自知者明。

胜人者有力，自胜者强。

知足者富。

强行者^①有志。

不失其所者^②久。

死而不亡者^③寿。

【注释】

①强行者：劝勉力行。　②不失其所者：不失根本的人。　③死而不亡者：身死而精神不亡的人。

【译文】

识别他人的人可谓智慧，了解自己的人可谓聪明。

战胜他人的人称为有力，战胜自己的人称为刚强。

知道满足就是富有。

努力不懈的就是有志。

不失根本的人就能长久。

身死而精神不亡的人才算长寿。

道德经图文本

三十四章

道德经图文本

大道氾兮，其可左右①。

万物恃之以生而不辞②，功成而不有③。

衣养④万物而不为主，可名于小⑤；

万物归焉而不为主，可名为大⑥。

以其终不自为大，故能成其大。

【注释】

　　①大道氾（fàn）兮，其可左右：大道广泛而普遍地流行，它可左可右，无处不在。氾，普，博。　②辞：止息。　③有：据为己有。　④衣养：遮蔽，覆盖，护持。　⑤小：指大道任物成长，自然无为，因此称为"小"。　⑥大：指大道无私养育，万物归依，因此称为"大"。

【译文】

　　大道广泛而普遍地流行，它可左可右，无所不在。

　　万物依靠它生长而不止息，功业成就而不据为己有。

　　它长养万物而不自以为主宰，可以称它为小；万物归依而不自以为主宰，可以称它为大。

　　由于它最终不自以为大，所以才能成就它的大。

道德经图文本

道德经图文本

三十五章

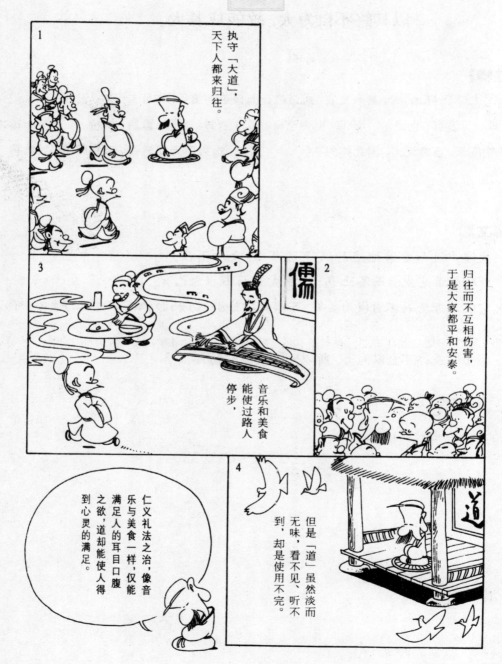

1. 执守「大道」，天下人都来归往。

2. 归往而不互相伤害，于是大家都平和安泰。

3. 音乐和美食能使过路人停步，

4. 但是「道」虽然淡而无味，看不见、听不到，却是使用不完。

仁义礼法之治，像音乐与美食一样，仅能满足人的耳目口腹之欲，道却能使人得到心灵的满足。

执大象^①，天下往。

往而不害，安平太^②。

乐与饵^③，过客止。

道之出口，淡乎其无味，

视之不足^④见，听之不足闻，

用之不足既^⑤。

【注释】

　　①大象：大道。河上公注："象，道也。"　　②安平太：就平和而安宁。安，乃，则，从王引之说。太，同"泰"，安宁。　　③乐与饵：音乐与美食。饵，泛指美味食品。　　④足：可。　　⑤既：尽。

【译文】

　　执守大道，天下百姓都来归往。

　　归往而不伤害，就会平和而安宁。

　　音乐美食，能使过客止步。

　　道的讲述，平淡得没有味道，看它看不着，听它听不到，用它却用不尽。

道德经图文本

道德经图文本

三十六章

1
要套取他，必定先给予他。
要废弃他，必定先提举他。
要削弱他，必定先使他坚强。
要收缩他，必定先使他扩张。

2
这是很明显的道理，柔弱一定胜过刚强。

3
鱼不能离开渊，离开渊必定干死。

4
柔弱是治国的根本，治国不用柔弱，必定灭亡。

5
权谋、刑罚，都是凶厉的东西，不能够加施于人民。

物极必反，势强必弱是千古不易的道理，仁君如果明白这个道理善加运用，则能以柔克刚，以弱胜强了。

将欲歙^①之，必固^②张之；

将欲弱之，必固强之；

将欲废之，必固兴之；

将欲夺^③之，必固与之，是谓微明^④。

柔弱胜刚强。

鱼不可脱于渊，国之利器^⑤不可以示人。

【注释】

①歙（xī）：收敛。　②固：必然，一定。　③夺：韩非子《喻老》引作"取"。　④微明：隐微而显明。　⑤利器：锐利的武器，指赏罚，权谋。

【译文】

将要收敛它，必定扩张它；

将要削弱它，必定强盛它；

将要废弃它，必定兴举它；

将要夺取它，必定给与它，这就叫做微明。

柔弱必胜刚强。

鱼不能离开深渊，国家的赏罚权谋不能向人炫耀。

道德经图文本

三十七章

1. 道永远是顺应自然，好像是无所作为的；实际上是无所不为。

2. 侯王如能持守它，万物就会自生自长。

以道的真朴来镇服，万物就没有私欲而能清静，天下自然就会安定。

3. 自生自长而至贪欲萌作时，我就用道的真朴来镇服他。

朴

4. 统治者应顺任自然，让人民自我发展，要养成真朴的民风，社会才能趋于安定。

道常无为而无不为①。

侯王若能守之，万物将自化②。

化而欲作③，吾将镇④之以无名⑤之朴。

无名之朴，夫亦将不欲。

不欲以静，天下将自正。

【注释】

①无为而无不为：顺应自然不妄为则无所不能为。　②自化：自己成长变化。　③欲作：私欲产生。　④镇：正、安义。　⑤无名：指道。

【译文】

道永远顺应自然不妄为，就能够无所不为。

侯王如果能够坚守它，万物将会自己成长变化。

成长变化而私欲产生，我将用道的质朴来安定它。

用道的质朴来安定，就不会产生私欲。

不产生私欲而宁静，天下将自己归于正道。

道德经图文本

道德经图文本

三十八章

上德不德，是以有德；下德不失德，是以无德。上德无为而无以为；下德无为而有以为。上仁为之而无以为；上义为之而有以为。上礼为之而莫之应，则攘臂而扔之。故失道而后德，失德而后仁，失仁而后义，失义而后礼。夫礼者，忠信之薄，而乱之首。前识者，道之华，而愚之始。是以大丈夫处其厚，不居其薄；处其实，不居其华。故去彼取此。

上德不德①，是以有德；下德不失德②，是以无德。

上德无为而无以为；下德无为而有以为。

上仁为之而无以为；上义为之而有以为。

上礼为之而莫之应，则攘臂而扔之③。

故失道而后德，失德而后仁，失仁而后义，失义而后礼。

夫礼者，忠信之薄④，而乱之首⑤。

前识者⑥，道之华⑦，而愚之始。

是以大丈夫处其厚⑧不居其薄；处其实，不居其华。

故去彼取此⑨。

【注释】

①上德不德：上德的人顺应自然，不追求仁义之类品德。 ②下德不失德：下德的人不失去仁义之类品德。 ③攘臂而扔之：攘臂，用臂推搡。扔之，引之，拽之，即强迫人服从。 ④薄：薄弱，浅薄，不足。 ⑤首：开始，开端。 ⑥前识者：预设种种礼仪和规范。 ⑦华：虚华。 ⑧厚：敦厚。 ⑨去彼取此：抛弃浅薄虚华，采取敦厚笃实。

【译文】

上德的人顺应自然，不追求仁爱之德，因此确实有德；下德的人不失去仁爱之德，因此没有德。

上德的人顺应自然而无所作为；下德的人顺应自然而有作为。

上仁的人想有作为而无所作为；上义的人想有作为而有所作为。

上礼的人想有作为而没人回应，就用臂推搡强迫人服从。

所以，失道而后有德，失德而后有仁，失仁而后有义，失义而后有礼。

礼，标志着忠信的薄弱，混乱的开端。

预设种种礼仪和规范，不过是道的虚华，是愚昧的开始。

因此，大丈夫身处敦厚，而不居于浅薄；身处笃实，而不居于虚华。所以，抛弃浅薄虚华，采取敦厚笃实。

道德经图文本

道德经图文本

三十九章

1. 侯王们自称「孤」「寡」「不毂」，以示谦下，这不是贵以贱为根本吗？难道不是吗？

2. 所以世上最好的称誉就是没有称誉，因为有了称誉，毁谤就随之而来了。

3. 不要像美玉一样璀璨、明亮，受人重视；

4. 而要像石头一样暗淡无光，为人忽视。

一是道所生，它也可以代表道。天地万物都由于得到了它，才能成就其伟大。侯王也是由于得到了它，才能成就其高贵。但任何高贵都扎根莫基于贱下，如果没有贱下做基础，也就没有高贵了。

昔之得一^①者：天得一以清；地得一以宁；神得一以灵；谷得一以盈；万物得一以生；侯王得一以为天下正。

其致之也^②，天无以清，将恐裂；地无以宁，将恐废^③；神无以灵，将恐歇^④；谷无以盈，将恐竭；万物无以生，将恐灭；侯王无以正，将恐蹶^⑤。

故贵以贱为本，高以下为基。是以侯王自称孤、寡、不穀^⑥，此非以贱为本邪？非乎？故至誉无誉。是故不欲琭琭^⑦如玉，珞珞^⑧如石。

道德经图文本

【注释】

①一：指道。　②其致之也：如果推广言之。其，若，如果。致，推极。　③废：崩裂，毁坏。　④歇：休息，停止。　⑤蹶：颠覆。　⑥孤、寡、不穀：都是侯王的自称。孤，孤德；寡，寡德；不穀，不善。　⑦琭（lù）琭：光彩的样子，形容美玉。　⑧珞（luò）珞：同"硌硌"，坚硬的样子，形容石块。

【译文】

古来得道者：天得道就清明；地得道就安宁；神得道就灵验；山谷得道就充盈；万物得道就生长；侯王得道就使天下安定。

如果推广言之，天没有清明，将要崩裂；地没有安宁，将要毁坏；神没有灵验，将要休止；山谷没有充盈，将要枯竭；万物没有生长，将要灭绝；侯王没有安定，将要颠覆。

因此，贵以贱作为根本，高以下作为基础。因此，侯王自称孤、寡、不穀。这不是以低贱作为根本吗？不是吗？所以，最高的声誉无须赞誉。所以，不愿像光彩的美玉，宁可如坚硬的石块。

四十章

道的运行反复循环，周流不息，才能产生绵延不尽的生命。

1

道的作用，柔弱谦下。

2

天下万物是从「有」而产生的，

3

有

而「有」却是从「无」产生的。

4

无

「无」是道之体，「有」是道之用，人应无为、无事、无智、无知、无欲、无我、无私，才能达到道的最高境界。

反^①者道之动；弱^②者道之用。

天下万物生于有，有生于无。

【注释】

①反：同"返"，复，循环。　②弱：柔弱，柔和。

【译文】

循环是道的运动方式；柔弱是道的作用。

天下万物产生于有，有产生于无。

道德经图文本

四十一章

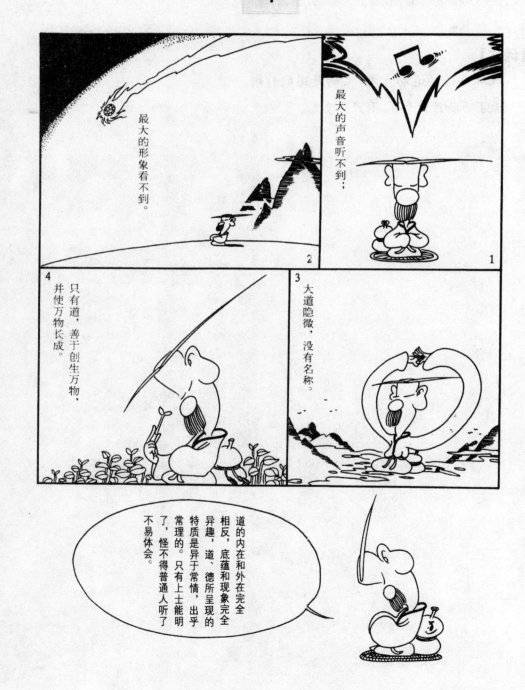

1 最大的声音听不到；

2 最大的形象看不到。

3 大道隐微，没有名称。

4 只有道，善于创生万物，并使万物长成。

道的内在和外在完全相反，底蕴和现象完全异趣，道、德所呈现的特质是异于常情、出乎常理的。只有上士能明了，怪不得普通人听了不易体会。

上士①闻道，勤而行之；中士闻道，若存若亡②；下士闻道，大笑之。不笑不足以为道。

故建言③有之：

明道若昧；进道若退；夷道若纇④；上德若谷；广德若不足；建德若偷⑤；质真若渝⑥；大白若辱⑦；大方无隅⑧；大器晚成；大音希声⑨；大象无形；道隐无名。

夫唯道，善贷且成⑩。

【注释】

①上士：上等的士人。　②若存若亡：将信将疑。　③建言：立言。　④纇（lèi）：不平。　⑤建德若偷：刚健的德好像苟且偷生。建，通"健"。偷，懒惰，懈怠。　⑥渝：变。　⑦辱：污黑。参见第二十八章。　⑧隅：角，棱角。　⑨希声：无声。参见第十四章。　⑩善贷且成：善于帮助而且成就万物。贷，施与，帮助。

【译文】

上士听了道，努力实行；中士听了道，将信将疑；下士听了道，哈哈大笑。不被嘲笑，就不足以成为道。

因此，立言的人这样说：

光明的道好像暗昧；前进的道好像后退；坦直的道好像不平；崇高的德好像低谷；广博的德好像不足；刚健的德好像懦弱的样子；质朴纯真好像随物变化的样子；最纯洁的心灵好像含垢的样子；最方正的好像无角；最宝贵的器皿最后完成；最美妙的音乐没有声音；最大的形象没有形体；大道幽隐没有名称。

唯有道，善于帮助而且成就万物。

道德经图文本

道德经图文本

四十二章

1 道

道是万物创生的总原理，万物创生的程序是由道生出的一种气。

2 这种气又划分成为阴阳两气。

3 阴阳两气相交，而成一种适匀的状态……

4 于是万物都在这种状态中产生了。

5 万物都背阴而向阳，阴阳两气互相激荡，而成新的和谐体。

道创生了万物，万物创生以后，还要守住道的精神，依道而行。所以应该柔弱，应该顺应自然。

道生一①，一生二②，二生三③，三生万物。

万物负阴而抱阳④，冲气以为和⑤。

〔人之所恶，唯孤、寡、不穀，而王公以为称。

故物或损之而益，或益之而损。

人之所教，我亦教之。

强梁者不得其死，吾将以为教父。⑥〕

【注释】

①一：指道。道，浑沌而成，独立无偶，故为"一"。　②二：指天地。天为阳，地为阴。　③三：一般认为指阳气、阴气、和气。　④负阴而抱阳：背阴而向阳。　⑤冲气以为和：阴阳二气相交冲而形成和气。　⑥以上数句与文义不合，疑为第三十九章错简。

【译文】

道整体唯一，一产生天地，天地含有阳、阴二气，互相交冲而产生和谐之气，阴、阳、和三气产生了万物。

万物背阴而向阳，阴阳二气相交冲而形成和气。

〔人所厌恶的就是孤、寡、不穀，但是王公却用他来称呼自己。

所以一切事物，减损它有时反而得到增加，增加它有时反而受到减损。

别人教导我的，我也用来教导人。

强暴的人不得好死，我把它当作施教的张本。〕

道德经图文本

道德经图文本

四十三章

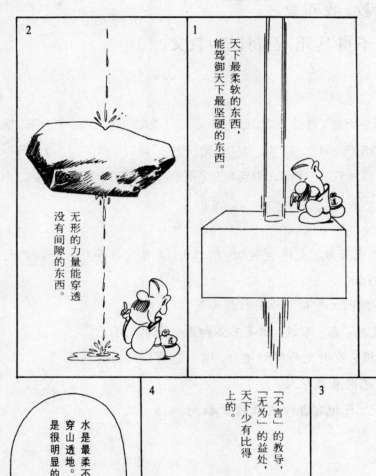

2

无形的力量能穿透
没有间隙的东西。

1

天下最柔软的东西，
能驾御天下最坚硬的东西。

4

「不言」的教导，
「无为」的益处，
天下少有比得
上的。

3

我因此知道「无为」
的益处。

水是最柔不过的，却能
穿山透地。柔能胜刚
是很明显的道理啊。

天下之至柔，驰骋^①天下之至坚。

无有入无间^②，吾是以知无为之有益。

不言之教，无为之益，天下希及之^③。

【注释】

①驰骋：驱使，驾御。　②无有入无间：无有之形可以进入无间隙之中。　③希及之：希，少。及，至，到达。

【译文】

天下最柔软的东西，可以驱使天下最坚硬的东西。

无有之形可以进入无间隙之中。我因此知道无为的好处。

不言的教诲，无为的好处，天下很少能够认识到做得到。

道德经图文本

四十四章

名与身孰亲? 身与货孰多①? 得与亡孰病②?

甚爱必大费③; 多藏必厚亡④。

故知足不辱, 知止不殆, 可以长久。

【注释】

①多: 贵重。《说文》:"多, 重也。" ②病: 害。 ③费: 耗费。 ④厚: 厚重。

【译文】

名声与身体相比哪一个亲近? 生命与财物相比哪一个贵重? 得到与丧失相比哪一样为害?

过分私爱必然要有重大的耗费, 太多收藏必然会有厚重的损失。

因此, 知道满足就不会受到屈辱, 知道休止就不会出现危险, 这样才能保持长久。

道德经图文本

四十五章

最卓越的辩才好像是口讷的样子。

最灵巧的东西好像是笨拙的样子，

清静无为可以做天下人的模范。

清静克服扰动，寒冷克服暑热。

一个完美的人格，不在于外形上的表露，而在于内在生命的含藏内敛。道体清虚寂静，但其作用却能胜躁制动，若能善体清静、无为无事，顺应自然，就可以作为天下的表率。

大成①若缺，其用不弊②。

大盈若冲③，其用不穷④。

大直若屈⑤，大巧若拙，大辩若讷⑥。

躁胜寒，静胜热。清静为天下正。

【注释】

①成：善。　②弊：停止。　③冲：本为"盅"，空虚。参见第四章。　④穷：穷尽。　⑤屈：弯曲。　⑥讷（nè）：语言困难，口吃。

【译文】

最美好的东西好像残缺，但是它的作用不会停止。

最充盈的东西好像空虚，但是它的作用不会穷尽。

最正直的东西好像弯曲，最灵巧的东西好像笨拙，最雄辩的人才好像口吃。

疾行可以战胜寒冷，安静可以消除烦热。清静无为可以成为人民的模范。

道德经图文本

道德经图文本

四十六章

天下有道，却^①走马^②以粪。

天下无道，戎马^③生于郊^④。

祸莫大于不知足；咎^⑤莫大于欲得。

故知足之足^⑥，常足^⑦矣。

【注释】

①却：退回，放回。　②走马：跑马，战马。　③戎马：战马。　④生于郊：在荒郊野外生下马驹。　⑤咎：罪过。　⑥知足之足：知道满足的这种满足。　⑦常足：永远满足。

【译文】

天下有道，退回战马去运肥播种。

天下无道，连怀孕的母马也要上战场，在荒郊野外生下马驹。

罪过没有比贪得无厌更大的了；祸患没有比不知满足更大的了。

因此，知道满足的这种满足，才会永远满足啊。

道德经图文本

道德经图文本

四十七章

1. 万事万物的原理，并不在远不可及的地方，它就在我们的心中。

2. 若能内观反省，除私去欲，不出门就能知天下的事理，不望窗外就可明了自然的法则。

3. 走出大门愈远，知道的事理就愈少。

4. 所以圣人不外出远求，天下的事理就可以明了。

5. 不造作施为，万物就可以化育生成。

心灵深处是透明的，像一面镜子，应净化欲念，清除心灵的蔽障，去了解外物。

不出户①，知天下；

不窥牖②，见天道。

其出弥远③，其知弥少。

是以圣人不行而知，不见而明，不为而成。

【注释】

①户：单扇门。　②不窥（kuī）牖（yǒu）：窥，窃视，看。牖，窗子。　③弥（mí）：愈，更加。

【译文】

不出门户，能够知道天下事理；不看窗外，能够了解自然规律。

外出愈远，所知愈少。

因此，圣人不出行而知情，不眼见而明白，无为而能成功。

道德经图文本

道德经图文本

四十八章

求「学」一天比一天增加，

1

我的知识见闻增加了不少。

求「道」却一天比一天减少，减少又减少，一直到无为的境地。

2

情欲减少了！

3

如能不妄为，那就没有什么事情做不成的了。

4

治理国家要常清静、不扰攘，至于政举繁苛，就不配治理国家了。

第一点规定……第二点规定……第三点规定……第四点规定……

「为学」，只能增知添欲，因此虚伪百出、忧烦丛生。「求道」，损知去欲，内心既清既虚，外在自然无为无事了。

为学日益①，为道日损②。

损之又损，以至于无为。

无为而无不为③。

取④天下常以无事⑤，及其有事⑥，

不足以取天下。

【注释】

①为学日益：研究世俗学问，则伪诈奸邪一天天增加。　②为道日损：修行自然天道，则私欲私爱一天天减少。天道指清静无为之道。　③无为而无不为：顺应自然不妄为，就能够无所不为。参见第三十七章。　④取：为，治理。　⑤无事：无所事事，无妄为之事。见第二十九章。　⑥有事：有所事事，指严刑峻法之类苛政。

【译文】

研究世俗学问，伪诈奸邪一天天增多。

修行自然天道，私欲私爱一天天减少。减少而又减少，一直到无为的状态。

顺应自然不妄为，就能够无所不为。

治理天下经常凭借无所事事，等到有所事事，实行苛政，就不能够治理天下了。

道德经图文本

四十九章

1. 「圣人」没有成见，以百姓的意见为意见。

2. 善！
善良的人，我善待他；不善良的人，我也善待他。这样可使人人向善。

3. 信！
守信的人我善待他，不守信的人我也善待他。这样可使人人守信。

4. 「圣人」在位，收敛自己的意欲，使人心思化归于浑朴，百姓都凝视静听，如痴如愚，圣人都把他们当作婴儿一样爱护。

理想的治者，收敛自我的意欲，不以主观厘定是非好恶的标准，应以善心诚心去对待所有的老百姓。

圣人常无心^①，以百姓心为心。

善者，吾善之；不善者，吾亦善之；德^②善。

信者，吾信之；不信者，吾亦信之；德信。

圣人在天下，歙歙^③焉，为天下浑^④其心，

百姓皆注^⑤其耳目，圣人皆孩^⑥之。

【注释】

①常无心：永远没有私心。　②德：通"得"。　③歙歙（xī）：收敛，谨慎。　④浑：浑沌。　⑤注：专注。　⑥孩：婴孩。

【译文】

圣人永远没有私心，把百姓的心作为自己的心。

善良的人，我善待他；不善良的人，我也善待他，这就得到了善良。

诚信的人，我信任他；不诚信的人，我也信任他，这就得到了诚信。

圣人在天下，总是谨慎的样子，为天下而浑沌百姓的心，使他们反璞归真，百姓们都专注自己的耳目欲望，圣人则要使他们回复到婴孩般纯厚质朴。

道德经图文本

五十章

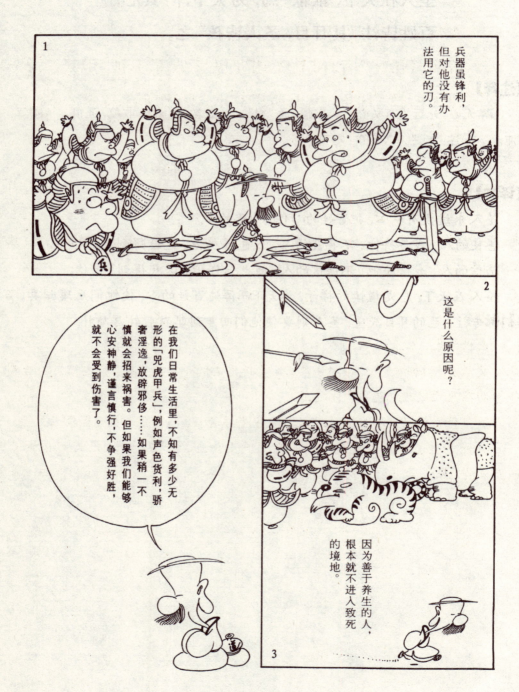

兵器虽锋利，但对他没有办法用它的刃。

1

这是什么原因呢？

2

因为善于养生的人，根本就不进入致死的境地。

3

在我们日常生活里，不知有多少无形的「兕虎甲兵」，例如声色货利，骄奢淫逸，放辟邪侈……如果我们稍一不慎就会招来祸害。但如果我们能够心安神静，谨言慎行，不争强好胜，就不会受到伤害了。

出生入死。

生之徒^①，十有三；

死之徒^②，十有三；

人之生，动之于死地^③，亦十有三。

夫何故？以其生生之厚^④。

盖闻善摄生^⑤者，陆行不遇兕虎^⑥，入军不被^⑦甲兵；

兕无所投^⑧其角，虎无所用其爪，兵无所容其刃。

夫何故？以其无死地。

【注释】

①生之徒：健康生活的一类人。徒，同类的人。　②死之徒：夭折死去的一类人。　③死地：死亡之地。　④生生之厚：养生过分丰厚。　⑤摄生：养护生命。　⑥兕（sì）虎：独角犀牛和老虎，泛指野兽。　⑦被：触及，遭受。　⑧投：掷，撞击。

【译文】

出世为生，入土为死。

健康生活的一类人，占十分之三；夭折死去的一类人，占十分之三；人活着，却行动在死亡之地，也占十分之三。

这是什么缘故呢？因为他们养生过分丰厚奢侈，而糟蹋缩短了生命。

听说那些善于养护生命的人，在陆地上行走不会遇到野兽，在战争中不会触及兵器；犀牛没有地方撞击它的角，老虎没有地方使用它的爪，兵器没有地方容纳它的刃。

这是什么缘故呢？因为他就没有进入死亡之地。

道德经图文本

五十一章

「道」创生万物，「德」畜养万物；使万物成长作育；使万物成熟结果；使万物爱养调护。

这就是最深的「德」。

创生万物却不据为己有，兴作万物却不自恃己能，长养万物却不为主宰。

「道」「德」创造万物，都是本之于自然，它不支配万物，不干涉万物，而听任万物自然生长，这种无私无欲就是道德的伟大之处，所以能得万物的尊敬。

道生之①，德畜之②，物形之③，势成之④。

是以万物莫不尊道而贵德。

道之尊，德之贵，夫莫之命而常自然。

故道生之，德畜之；长之育之⑤；亭之毒之⑥；养之覆之。

〔生而不有，为而不恃，长而不宰，是谓"玄德"⑦。〕

【注释】

①道生之：道化生万物。生，产生。　②德畜之：德养育万物。畜，养育。　③物形之：用不同形态区别万物。　④势成之：在各种环境成就万物。成，成就。　⑤长之育之：使万物成长发育。　⑥亭之毒之：使万物结果成熟。亭，成。毒，熟。　⑦玄德：深妙的德性。以上四句重见于第十章。

【译文】

道化生万物，德养育万物，用不同形态区别万物，在各种环境成就万物。

因此，万物没有不尊崇道而珍贵德的。

道受到尊崇，德受到珍贵，是因为道和德没有对万物发号施令而永远顺应自然。

所以，道化生万物，德养育万物，使万物成长发育，使万物结果成熟，给万物抚育保护。

〔生长万物而不占有，抚育万物而不自恃，长养万物而不主宰，这就叫"玄德"。〕

道德经图文本

五十二章

1 打开情欲的孔窍，增添纷杂的事件，终身都不可救治了。

2 能察见细微的叫做「明」。

3 能持守柔弱的叫做「强」。

4 能运用智慧的光，返照内在的「明」。

5 不给自己带来灾殃，这叫做永续不绝的常「道」。

人要从万象中去追索根源，去把握原则。要去除私欲，才能以明澈的智慧之光，觉照外物，才能真正地看清本相，明察事理。

天下有始①，以为天下母②。

既得其母，以知其子③；

既知其子，复守其母，没身不殆。

塞其兑④，闭其门⑤，终身不勤⑥。

开其兑，济其事⑦，终身不救。

见小曰明⑧，守柔曰强⑨。

用其光⑩，复归其明⑪，无遗身殃；

是为习常⑫。

【注释】

①始：初始。指道。　②母：本原。　③子：指万物。　④兑：指嗜欲的感官。兑为八卦之一，《周易·说卦》曰："兑，说也。""兑为口。""兑为口舌。"　⑤门：门径，指巧利的途径。　⑥勤：劳。　⑦济其事：成就世间的庶事。济，成。　⑧见小曰明：能看见细微叫明。　⑨守柔曰强：能坚守柔弱叫强。　⑩光：智力之光。　⑪明：内省之明。　⑫习常：承袭永恒的道。

【译文】

天下必有初始的道，作为万物的本原。

既然得知本原，就知道万物；既然知道万物，就持守本原，这样，终身没有危险。

堵塞嗜欲的感官，关闭巧利的门径，终身不劳。

打开嗜欲的感官，成就世间的庶事，则终身不可救药。

能看见细微叫明，能坚守柔弱叫强。

使用智力之光，回复内省之明，不要给自身留下祸殃，这就是永续不绝的常道。

道德经图文本

五十三章

1

仓库非常空虚。

民间闹饥荒了。

2

而他们自己却穿着锦绣的衣服，佩着锐利的刀剑。

3

吃着丰盛的酒食，搜刮来的钱财货物怎么用也用不完。

这种人简直是强盗头子，他们的行为实在不合乎于道啊！

4

为政者，应该无私无欲，表现无为，这才合乎大道。若只为自己之利，搜刮财货，这与大盗有什么不同？

使我介^①然有知，行于大道，唯施^②是畏。

大道甚夷^③，而人好径^④。

朝甚除^⑤，田甚芜，仓甚虚；

服文彩，带利剑，厌^⑥饮食，

财货有余；是为盗夸^⑦。非道也哉！

【注释】

①介：微小，稍微。　②施（yí）：同"迤"，邪，斜行。　③夷：平坦。　④而人好径：人，人君。径，邪路。　⑤除：修饰。　⑥厌：饱足。　⑦盗夸：大盗。韩非《解老》作"盗竽"。

【译文】

假如我稍微有些知识，在大道上行走，就害怕走入邪路。

大道很平坦，而那些侯王就喜欢走邪路。

朝廷装饰非常豪华，田园非常荒芜，仓库非常空虚；而他们穿戴锦绣的衣冠，佩带锋利的宝剑，饱食丰盛的宴席，占有充余的财物；他们就是强盗的首领。真是无道啊！

道德经图文本

五十四章

道德经图文本

1 贯彻到一家,他的德可以有余;贯彻到一乡,他的德能受到尊崇;贯彻到一国,他的德就会丰盛;贯彻到天下,他的德就会普遍。

2 所以只要我修德,就能像镜子一样返照。

3 以我一身,观察别人;

4 以我一家,观察其他各家;以我一乡,观察其他各乡;以我一国,观察其他各国;以我现在的天下,观察过去和未来的天下。

5 我怎么能够知道天下的情形呢?就是由于这个道理。

「修身」犹如巩固根基,是建立自我与处人治世的基点。能以自己的善看出别人的不善。

善建者不拔①，善抱②者不脱③，

子孙以祭祀不辍④。

修之于身，其德乃真；修之于家，其德乃馀；

修之于乡，其德乃长；修之于邦，其德乃丰；

修之于天下，其德乃普。

故以身观身，以家观家，以乡观乡，

以邦观邦，以天下观天下。

吾何以知天下然哉？以此⑤。

【注释】

①拔：拔除。　②抱：有牢固的意思。　③脱：脱离。　④辍（chuò）：停止，断绝。
⑤以此：就因为这个道理。

【译文】

善于建树的人不可拔除，善于抱持的人不会脱离，子子孙孙遵循大道就永远祭祀不断绝。

用道修养自身，他的德就纯真；修养一家，他的德就充裕；修养一乡，他的德就长久；修养邦国，他的德就丰硕；修养全天下，他的德就普遍。

因此，从自身之德观察他人之德，从自家之德观察他家之德，从自己家乡之德观察其他地区之德，从自己国家之德观察其他国家之德，从今日天下之德观察未来天下之德。

我凭什么知道天下的情况呢？就是运用的这个道理和方法。

道德经图文本

五十五章

1
以有欲念的心，驱使生理的本能，便是逞能。

2
万事万物一到强大盛壮的时刻，便开始趋于衰败。

3
因为强壮是合于道的。不合于道的事如飘风骤雨，很快就会消逝。

人初生的时候，无知无欲，可以说是德性最厚的时候，等到长大以后，嗜欲日深，诈伪日增，便渐渐失道失德了。

得道的人就像婴儿一样柔弱、纯洁、无知无欲，但却充满生机，处处顺处自然，自在自得。

含德之厚，比于赤子。

毒虫不螫①，猛兽不据，攫鸟不搏②。

骨弱筋柔而握固，未知牝牡之合而朘作③，

精④之至也。

终日号而不嗄⑤，和⑥之至也。

知和曰常⑦，知常曰明。

益生⑧曰祥⑨。心使气⑩曰强。

物壮则老，谓之不道，不道早已。⑪

道德经图文本

【注释】

①毒虫不螫(shì)：蜂虿（chài）之类毒虫不蜇刺。　②猛兽不据，攫鸟不搏：鹰隼虎豹之类凶禽猛兽不抓伤。　③朘(zuī)作：婴儿生殖器举起。朘，赤子阴，小男孩的生殖器。作，举起，挺起。　④精：精气。　⑤嗄（shà）：声音嘶哑。　⑥和：和气。　⑦常：指永恒不变的规律。　⑧益生：纵欲贪生。　⑨祥：不祥，灾殃。参见第七十八章。　⑩心使气：欲念放纵任气。　⑪以上三句重见于第三十章。

【译文】

人饱含深厚的德，可以比得上初生的婴儿。

蜂虿之类毒虫不蜇刺他，鹰隼虎豹之类凶禽猛兽不抓伤他。

婴儿筋骨柔弱而拳头紧握，不知男女交合而小生殖器翘起，这是精气非常充足的缘故。

整天号哭而嗓子不哑，这是和气充盈的缘故。

知道和气叫常，知道常叫明。

纵欲贪生叫祥，欲念放纵任气叫强。

事物发展到盛壮就要衰老，就不符合道，不符合道就会提早消亡。

五十六章

1 智者晓得道体精微奥妙，所以勤而行之，不敢多言。

2 成天喋喋不休的人，根本不晓得「道」。

3 不露锋芒，消解纷扰；含敛光耀，混同尘世；这就是玄妙齐同的境界。

4 完全超然物外，淡泊无欲，既无法和他亲近，也无法和他疏远；既无法使他得利，也无法使他受害；既无法使他高贵，也无法使他低贱。修养到达这种境界，才是天下最了不起的人。

理想的人格形态是「挫锐」「解纷」「和光」「同尘」，而到达「玄同」的最高境界。

知者不言，言者不知。

塞其兑，闭其门①，挫其锐，

解其纷，和其光②，同其尘③，

是谓"玄同"④。

故不可得而亲，不可得而疏；

不可得而利，不可得而害；

不可得而贵，不可得而贱。

故为天下贵。

【注释】

①以上二句重见于第五十二章。　②和其光：和，混合，和同。光，指德性之光辉。混合他们辨识万物的智力之光。　③同其尘：同，混同。规范他们动作行为的世俗之尘。以上四句重见于第四章。　④玄同：玄妙混同的境界，即道的境界。

【译文】

有智慧的人是不多言说的，多话的就不是智者。

塞住嗜欲的孔窍，关闭嗜欲的门径，挫折人们的锐气，解决人们的纠纷，混合他们辨识万物的智力之光，规范他们动作行为的世俗之尘，这就是"玄同"。

因此，对百姓不能亲，不能疏；不能利，不能害；不能贵，不能贱。

所以，就被天下人尊重。

道德经图文本

五十七章

道德经图文本

1
天下的禁忌越多，人民越陷于贫困；

2
政府的权谋越多，国家越陷于昏乱；统治者的技巧越多，邪恶的事就连连发生。

是。

出兵进攻邻国。

禁禁禁
禁禁禁禁禁
禁禁禁禁
禁禁
......

3
法令越森严，盗贼反而不断地增加。

4
所以圣人说：「我『无为』，人民就自我化育；我好静，人民就自然上轨道；我不搅扰，人民就自然富足；我没有贪欲，人民就自然朴实。」

为政者常自以为是社会中的特殊角色，而依一己的心意擅自厘定出种种标准，肆意妄为，强意推行。掌权的人如果都能「无为」「好静」「无欲」，那么人类的和平就可指望了。

无为

以正治国①，以奇用兵②，以无事取天下③。

吾何以知其然哉？以此：

天下多忌讳④，而民弥贫；民⑤多利器⑥，国家滋昏；人多伎巧⑦，奇物滋起；法令滋彰⑧，盗贼多有。

故圣人云："我无为，而民自化；我好静，而民自正；我无事，而民自富；我无欲，而民自朴。"

《道德经》图解

【注释】

①以正治国：正，正道。以无为正道治理国家。　②以奇用兵：奇，奇谋。以诡异奇谋指挥战争。　③以无事取天下：取，为，治理，管理。以无所事事管理天下。　④忌讳：禁忌，指戒律禁令。　⑤民：多种古本作"人"。　⑥利器：锐利的武器，权谋。　⑦伎巧：技能智慧。　⑧滋彰：繁多显明。

【译文】

以无为正道治理国家，以诡异奇谋指挥战争，以无所事事管理天下。

我为什么知道是这样呢？

从这些事情可以看出：天下多禁忌，百姓就愈贫穷；人们多权谋，国家就愈昏乱；人们多技巧，奇事就多发生；法令繁多显明，盗贼就多出现。

因此，圣人说："我无所作为，而百姓就自我教化；我喜欢清静，而百姓自然端正；我无所事事，而百姓自己富足；我没有私欲，而百姓自然质朴。"

道德经图文本

道德经图文本

五十八章

其政闷闷①，其民淳淳②；

其政察察③，其民缺缺④。

祸兮，福之所倚⑤；

福兮，祸之所伏⑥。

孰知其极⑦？其无正⑧也。

正复为奇⑨，善复为妖⑩。

人之迷，其日固久。

是以圣人方而不割⑪，廉而不刿⑫，

直而不肆⑬，光而不耀⑭。

道德经图文本

【注释】

①闷闷：宽厚的样子。　②淳淳：淳朴的样子。　③察察：严苛的样子。　④缺缺：狡诈的样子。　⑤倚：倚傍，依靠。　⑥伏：隐藏，潜伏。　⑦极：终极的结果。　⑧正：定准，标准。　⑨正复为奇：正又变为邪。奇，诡异不正，邪。　⑩善复为妖：善再变为恶。妖，恶。　⑪方而不割：方正而不割伤人。　⑫廉而不刿（guì）：锐利而不戮伤人。廉，利。刿，伤。　⑬直而不肆：正直而不放肆。　⑭光而不耀：光鲜而不炫耀。

【译文】

一国的政治宽厚，它的百姓就淳朴；一国的政治严酷，它的百姓就狡诈。

灾祸，是幸福倚傍的地方；幸福，是灾祸潜伏的地方。

谁知道它们终极的结果呢？大概没有一个标准。

正又变为邪，善再变为恶。人们的迷惑，时日实在很久了。

因此，圣人方正而不割伤人，锐利而不戮伤人，直率而不放肆，光鲜而不炫耀。

道德经图文本

五十九章

事事都能克服，没有什么不能胜任就无法估计他的力量；

无法估计他的力量，就可以担负保护国家的责任；

掌握治理国家的道理，就可以维持长久；这就是根深柢固，「长生久视」的道理。

俭啬，才能修养天机、蓄积精神、培蓄能量、充实内在生命，而达到纯真质朴的境界。

治人事天①，莫若啬②。

夫唯啬，是谓早服③，早服谓之重积德④；

重积德则无不克；无不克则莫知其极⑤；

莫知其极，可以有国；

有国之母⑥，可以长久；

是谓深根固柢，长生久视⑦之道。

【注释】

①治人事天：治理百姓，敬事天地。　②啬（sè）：爱惜、保养。　③早服：早作准备，早从事。　④重积德：多积累德。重，多。　⑤极：极点，尽头。　⑥母：道，根本。　⑦长生久视：长久维持，长久存在。

【译文】

治理国家，养护身心，没有比爱惜精力更重要。

爱惜精力，乃是早作准备；早作准备，就要多多积德；多多积德，就战无不胜；战无不胜，就没有人知道他力量的极点；没有人知道他力量的极点，就可以拥有国家；掌握国家的根本大道，就可以长治久安。这就是根深柢固、长久永存的道理。

道德经图文本

六十章

道德经图文本

1　治理大国好像煎小鱼一样，不能常常翻动。

2　翻动太多，小鱼就破碎了。

3　用清静无为的道理治理天下，天神人鬼都能各安其位。所以鬼不会作祟害人。

4　神也不会伤害人，

5　圣人也不会伤害人。

6　在上位的国君和在下位的人民互相都不伤害，于是天下太平。

为政之要在安静无扰，若能「清静无为」，则人人便可各遂其生，而相安无事。

治大国，若烹小鲜①。

以道莅②天下，其鬼不神③；

非④其鬼不神，其神不伤人；

非其神不伤人，圣人亦不伤人。

夫两不相伤⑤，故德交归焉⑥。

【注释】

①烹小鲜：煎小鱼。烹，煎煮。鲜，鱼。　②莅：临。　③神：灵。　④非："不唯"的合音。　⑤两不相伤：鬼怪与圣人都不伤害人。　⑥德交归焉：功德恩泽都归向百姓。交，俱，并。

【译文】

治理大国，如同煎小鱼。

用道治理天下，那些鬼怪都起不了作用；不只那些鬼起不了作用，神祇也不侵越人；不只神祇不侵越人，圣人也不侵越人。

这样，鬼怪与圣人都不伤人，因此，功德恩泽都归向百姓。

道德经图文本

道德经图文本

六十一章

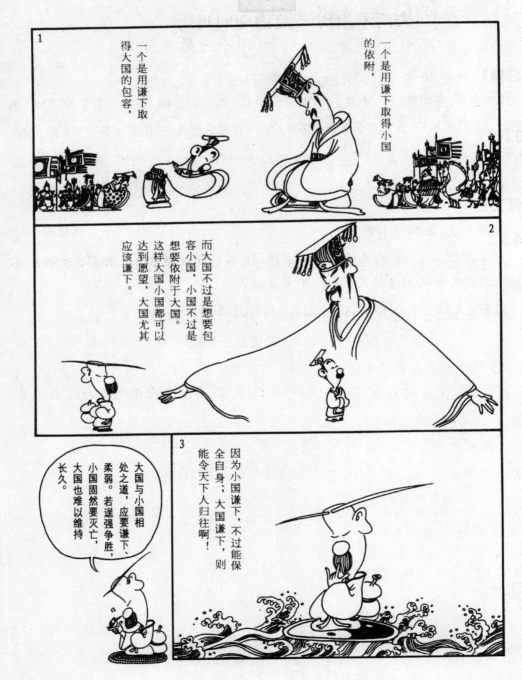

大邦者下流①，天下之交，天下之牝。

牝常以静胜牡，以静为下。

故大邦以下小邦，则取②小邦；

小邦以下大邦，则取大邦。

故或下以取，或下而取。

大邦不过欲兼畜人③，小邦不过欲入事人④。

夫两者各得所欲，大者宜为下。

【注释】

①大邦者下流：大国要像江河一样处于下流。　②取：通"聚"，会聚，统辖。本章四个"取"皆同。　③兼畜人：聚养众人。　④入事人：入事他人。

【译文】

大国要像江河一样处于下流，也就是处于天下雌柔的位置，那是天下万方交汇的地方。

雌柔经常凭着静定战胜雄强，就是因为静定处于下方的缘故。

因此，大国以谦下的态度对待小国，就能会聚统辖小国；小国以谦下的态度对待大国，就能被大国会聚统辖。

所以，大国有时以谦下的态度统辖小国，小国有时以谦下的态度被大国统辖。

大国不过想聚养众人，小国不过想入事他人。

双方都实现了自己的愿望，大国更应该具有谦下的态度。

道德经图文本

六十二章

道德经图文本

1
所以奉立天子、设置三公的时候，虽然先用璧玉，后用驷马作为献礼，还不如用道来作为献礼。

2
古时代特别重视道的原因是什么呢？

3
难道不是说因为这个道，有求就能得到，有罪就可赦免吗？所以道实在是天下最贵重的了。

为政者，应行无为之政，拥有拱璧驷马，不如怀着清静无为的心念，循道而行。

道者万物之奥①。

善人之宝，不善人之所保②。

美言可以市③，尊行可以加人④。

人之不善，何弃之有⑤？

故立天子，置三公，

虽有拱璧以先驷马⑥，不如坐进此道⑦。

古之所以贵此道者何？

不曰：求以得，有罪以免邪？

故为天下贵。

【注释】

①奥：藏，庇荫。　②不善人之所保：不善的人赖以保全。　③市：买，取。　④加人：对人施以影响。加，施。　⑤何弃之有：即有何弃。宾语前置，之为宾语的复指代词。　⑥虽有拱璧以先驷马：虽然以捧璧在先、驷马车在后的礼仪去交游诸侯。驷马，四匹马拉的车。拱璧，双手捧着璧玉。　⑦不如坐进此道：不如安坐而深入此道。

【译文】

道，是万物的庇荫。

它是善良人的珍宝，不善的人所赖以保全。

嘉美的言辞可以用作社交，可贵的行为可以见重于人。

不善的人，怎么能把道舍弃呢？

所以立位天子，设置三公，虽然进奉拱璧在先、驷马车在后的礼仪，还不如用道作为献礼。

古代之所以重视此道的原因是什么？

不就是说：有求必有所得，有罪就可以免除吗？

所以被天下人珍重。

道德经图文本

六十三章

为无为，事无事，味无味。

大小多少①，〔报怨以德。②〕

图难于其易，为大于其细；

天下难事，必作于易，天下大事，必作于细。

是以圣人终不为大③，故能成其大。

夫轻诺必寡信④，多易必多难⑤。

是以圣人犹⑥难之，故终无难矣。

【注释】

①大小多少：大生于小，多起于少。　②报怨以德：此句与文义不相关联。　③终不为大：始终不自以为大。　④轻诺必寡信：轻易承诺必然很少遵守信用。　⑤多易必多难：把事情看的太容易必然会遭受很多困难。　⑥犹：均，都。

【译文】

作无为之为，行无事之事，品无味之味。

大生于小，多起于少。〔用德来报答怨恨。〕

图谋困难的事情要趁它容易的时候，处理重大的事情要在它细小的时候；因为天下的难事，必须从容易的地方做起，天下的大事，必须从细小的地方做起。

因此，圣人始终不自以为大，所以能够成就他的伟大。

轻易承诺必然很少守信用，把事情看得太容易必然遭受很多困难。

因此，圣人遇事都看得困难，所以最终就没有困难。

道德经图文本

六十四章

九层的高台，是由一筐筐泥土筑起来的；

合抱的大树，是从嫩芽长起来的；

千里的远行，是由一步步走出来的。

人们做事情，常常在快要成功的时候遭受失败。若在事情要完成时也能像开始时一样谨慎，那就不会败事了。

平常心

凡事从小成大，由近至远，远大的事情必须有毅力和耐心一点一滴去完成。心稍松懈，常会功亏一篑。

其安易持①，其未兆易谋②。其脆易泮③，其微易散④。为之于未有，治之于未乱。合抱之木，生于毫末⑤；九层之台，起于累土⑥；千里之行，始于足下。

〔为者败之，执者失之。〕是以圣人无为故无败；无执故无失。⑦

民之从事，常于几成⑧而败之。慎终如始，则无败事。

是以圣人欲不欲，不贵难得之货；学不学，复众人之所过，以辅万物之自然而不敢为。

【注释】

①其安易持：形势安定，就容易把握。　②其未兆易谋：兆，征兆。事故尚无征兆，就容易谋划。　③其脆易泮（pàn）：泮，散，破裂。别本多作"破"。力量脆弱，就容易消解。　④其微易散：问题细微，就容易分散。　⑤毫末：细微的萌芽。　⑥累土：积累的泥土。　⑦以上两句，亦见于第二十九章。　⑧几成：接近成功。

【译文】

形势安定，就容易把握。事故尚无征兆，就容易谋划。力量脆弱，就容易消解。问题细微，就容易分散。处理在矛盾尚未出现的时候，治理在混乱尚未发生的时候。合抱粗的大树，生长于细微的萌芽；九层高的楼台，起始于积累的泥土；千里的远行，开始于自己的脚下。

〔强作妄为就会败事，执意把持就会失去。〕所以圣人不妄为就不会败事；不把持就不会丧失。

百姓做起事情，经常在接近于成功的时候却失败了。如果像慎重对待开始一样对待结束，就没有失败的事情。

所以圣人求人所不欲求的，不珍贵难得的货品；学人所不学的，补救众人的过错，以辅助万物的自然变化而不加干预。

道德经图文本

六十五章

了解这两种治国方式的差别，而有所取舍，就是一种法则。长久地记住并实行这一法则，可以称为玄妙无上的德。

为有强全保

守缺 无为弱

1

这玄妙无上的德既深奥，又久远，它和万事万物相反，可是依循它而行，却可顺合于自然。

世乱的根源莫过于大家攻心斗智、竞相伪饰，于是就弄得国无宁日了。人人扬弃世俗价值的纷争而返归真朴，社会才能趋于安宁。

2

古之善为道者，非以明民①，将以愚之②。

民之难治，以其智多。

故以智治国，国之贼③；不以智治国，国之福。

知此两者亦稽式④。

常知稽式，是谓"玄德"，玄德深矣，远矣，与物反⑤矣，然后乃至大顺⑥。

【注释】

①明民：让百姓聪明巧智。　②愚之：使百姓质朴淳厚。愚，淳朴、质朴。参见第二十章。　③贼：害。　④稽（jī）式：法则，楷模。式，法。《说文》："式，法也。"规范、标准的意思。　⑤反：同"返"，返回。　⑥大顺：顺应自然。

【译文】

古代善于行道的人，并不是让百姓聪明巧智，而是将使百姓质朴淳厚。

百姓难以治理，是因为他们的巧智太多。

因此，用巧智治理国家，就是国家的祸害；不用巧智治理国家，就是国家的幸福。

知道这两者的差别，也就是法则。

经常认识这个法则，就是"玄德"。玄德深沉啊，幽远啊，与万物返回到质朴的本原，就可以顺应大自然的规律。

道德经图文本

道德经图文本

六十六章

1　江海所以能成为百川之王，使所有的河流奔注，是因为它善于自处低下的地位。

2　所以「圣人」要作为人民的领导，必须对他们谦下。要为人民的表率，必须把自己的利益放在他们的后面。

3　所以「圣人」居于上位而人民不感到负累，居于前面而人民不感到受害。所以人民乐于推戴而不厌弃他。

4　因为他不和人争，所以天下没有人能和他争。

统治者权势在握，一旦肆意妄为，人民就不堪其累了；因此应尽量避免带给人民负担与累害。

江海之所以能为百谷王者①，

以其善下之②，故能为百谷王。

是以圣人欲上民③，必以言下之；

欲先民④，必以身后之。

是以圣人处上而民不重⑤，处前而民不害。

是以天下乐推⑥而不厌。

以其不争，故天下莫能与之争。

【注释】

①百谷王：百川汇聚之地。《说文》："泉出通川为谷。" ②下之：处于其下。 ③上民：处于民上，统治百姓。 ④先民：处于民先，领导百姓。 ⑤重：累，不堪，难以承受。 ⑥乐推：推，推举，举荐。

【译文】

江海所以能够成为百川汇流的地方，是因为它善于处在低下的位置，所以能够成为百川的首领。

因此，圣人要统治百姓，必须用言词对百姓表示谦下；要领导百姓，必须把自身放在百姓的后面。

所以，圣人处于上位而百姓不感到负累，处于前位而百姓不感到危害。

所以，天下百姓乐意拥戴而不厌恶。

因为他不争，所以天下没有谁与他争。

道德经图文本

六十七章

1
如果不能慈爱而只求勇敢……

2
不能俭啬而只求广远……

3
不能居人之后而只求争先，那必是死路一条了。

当仁不让！

4
三宝之中，慈爱最重要，用慈爱的心对待矛盾，则能获胜；用慈爱的心防守，则能巩固。

5
能够发挥慈爱的人，天也要救助他、卫护他。

爱心加上同情心是人类友好相处的基本动力，人人若能有天地对万物一律平等的大爱，世上将不再有纷争。

〔天下皆谓我："'道'大，似不肖。"

夫唯大，故似不肖。若肖，久矣其细也夫。①〕

我有三宝，持而保之。

一曰慈②，二曰俭③，三曰不敢为天下先。

慈故能勇；俭故能广；不敢为天下先，故能成器长④。

今舍慈且⑤勇；舍俭且广；舍后且先；死矣！

夫慈，以战则胜，以守则固⑥。天将救之，以慈卫之。

【注释】

①以上数句，于下文不合，当为第三十四章错简，可移至"故能成其大"之后。　②慈：慈爱。　③俭：俭啬。　④器长：万物之长。器，物。　⑤且：取。下文"且"同此义。　⑥夫慈，以战则胜，以守则固：慈爱，用于进攻就胜利，用于守卫就稳固。

【译文】

〔天下人都对我说："'道'大，却不像大。"

正因为道大，所以好似不像大。如果像大，很早就细微渺小了！〕

我有三种宝贝，守持而保存着。

第一种叫慈爱，第二种叫俭啬，第三种叫不敢处于天下人的前面。

慈爱，因此能够勇敢；俭啬，因此能够宽广；不敢处于天下人的前面，因此能够成为万物之长。

现在舍弃慈爱而要勇敢，舍弃俭啬而要宽裕，舍弃退让而要争先，就是死路一条！

慈爱，用于进攻就胜利，用于守卫就稳固。天将要拯救他，就用慈爱保护他。

道德经图文本

道德经图文本

六十八章

1　善做将帅的，不逞勇武；善于作战的，不轻易激怒；

仁者无敌

3　善于用人的，对人谦下。

2　善于战胜敌人的，不用对斗；

不！不用打他们自然崩败。

将军，和他们拼了！

5　「武」「怒」是侵略的行为，不武、不怒，不逞强、不暴戾最合于自然的道理。

如果能做到这些，便是符合自然的道理。

4　这「不武」「不怒」就是不和人争胜斗气的道德。

善为士①者, 不武②；

善战者, 不怒；

善胜敌者, 不与③；

善用人者, 为之下。

是谓不争之德, 是谓用人,

是谓配天, 古之极也。

【注释】

①士: 卿士。这里指执政者, 统帅。王弼注: "士, 卒之帅也。"　②不武: 不炫耀武力。　③不与: 不相斗, 不交战。王弼注: "不与争也。"

【译文】

善于当统帅的人, 不炫耀武力；

善于作战的人, 不逞怒气；

善于战胜敌人的人, 不与敌人交战；

善于用人的人, 对人谦下。

这就称为不争的品德, 这就称为善于用人的能力, 这就称为符合天道, 是古代最高的法则。

道德经图文本

六十九章

用兵有言："吾不敢为主^①，而为客^②；不敢进寸，而退尺。"是谓行无行^③；攘无臂^④；扔^⑤无敌；执^⑥无兵。

祸莫大于轻敌，轻敌几丧吾宝。

故抗兵相若^⑦，哀者^⑧胜矣。

【注释】

①主：主动，采取攻势。　②客：被动，防御。　③行无行：行军却没有行阵。　④攘无臂：奋起却没有挥臂。参见第三十八章。　⑤扔：就，靠近。　⑥执：持，握。　⑦抗兵相若：对抗的两军力量相当。　⑧哀者：悲哀的一方，指受攻击的一方。参见第三十一章。

【译文】

用兵的人说："我不敢主动进攻，而被动防御；不敢前进一寸，而要后退一尺。"这就是说，行军却没有行阵；奋起却没有挥臂；执握却没有兵器；交手却没有敌人。

灾祸没有比轻敌更大的了，轻敌几乎丧失我的三件宝贝。

所以，对抗的两军力量相当，一定是受攻击的悲哀一方胜利。

七十章

1. 正因为人们不懂我的言论和行事，所以也就不了解我了。

2. 了解我的人很少，取法跟随我的就更难得了。

3. 因为，圣人外面穿着粗衣，内里却怀着美玉。

虚静、柔和、慈俭、不争，这都本于自然的道理，在日常生活上最容易实行，可惜世人只慕恋虚华的外表，看不到圣人身怀的美玉。

吾言甚易知，甚易行。

天下莫能知，莫能行。

言有宗^①，事有君^②。

夫唯无知，是以不我知^③。

知我者希，则我者贵^④。

是以圣人被褐怀玉^⑤。

【注释】

①宗：根本，根据。　②君：主，主旨。　③不我知：即不知我，宾语前置。　④则我者贵：效法我的人难能可贵。则，法，效法。贵，难得。　⑤被（pī）褐（hè）怀玉：身穿粗衣而胸怀美玉。褐，粗布衣。

【译文】

我的话很容易知晓，很容易实行。

而天下人却没有谁能够知晓，没有谁能够实行。

我说话有根据，我行事有主旨。

因为天下人不了解这些，因此也就不了解我。

了解我的人很少，效法我的人更是难能可贵。

所以，圣人只能身穿粗衣而胸怀美玉。

道德经图文本

七十一章

能知道自己有所不知道，这是最高明的了。

1

抱歉！这方面的知识我不懂。

！

2

不知道却自以为知道，这就是缺点。

我懂得很多，什么都懂，诗、书、画无一不精。

其实什么都只知皮毛。

3

圣人没有这个缺点。因为圣人厌恶这个缺点，所以才没有这个缺点。

有的人只看到事物的表层，一知半解就以为自己都懂了。知道自己愚蠢是智者，不知道自己愚蠢，才是真正的愚蠢。

知不知①，尚②矣；

不知知③，病也④。

圣人不病⑤，以其病病⑥。

夫唯病病，是以不病。

【注释】

①知不知：知道却自认为不知道。　②尚：上，最好。　③不知知：不知道却自认为都知道。　④病：患，祸患。　⑤不病：没有祸患。　⑥病病：知道祸患就是祸患。

【译文】

知道却自认为不知道，就最好了；不知道却自认为都知道，就是祸患。

圣人没有祸患，是因为早已知道祸患就是祸患，认真对待，及时处置。

正因为早已知道祸患就是祸患，认真对待，及时处理，所以就没有祸患。

道德经图文本

道德经图文本

七十二章

正因为统治者不压榨人民，不胁迫人民，人民才不厌弃他而推戴他。

所以圣人了解自己位居万民之上，不求自我表现。

但求自爱而不自显高贵。

所以舍弃自见、自贵，而取其自知、自爱。

暴政逼迫、压制人民的自由、生活，人民到了无法安居、无以安生时就会铤而走险，革命造反了。

民不畏威①，则大威至。

无狎②其所居，无厌③其所生。

夫唯不厌，是以不厌④。

是以圣人自知不自见⑤；自爱不自贵⑥。

故去彼取此。

【注释】

①民不畏威：百姓不害怕暴力。威，力。　②狎：通"狭"，狭窄，逼迫。　③厌：通
"压"，压榨。下文"夫唯不厌"中"厌"与此同义。　④厌：厌恶。　⑤自知不自见：自己知
道而不自我表现。见，同"现"。　⑥自爱不自贵：自我爱护而不自显高贵。自爱就是指清静
寡欲，自我爱护。

【译文】

如果百姓不畏惧暴力，那么就会有更大的暴力到来。

不要逼迫百姓的处所，不要压榨百姓的生活。

正因为不压榨百姓，因此百姓就不会厌恶他。

因此，圣人自己知道而不自我表现，自我爱护而不自显高贵。所以，抛弃自
见、自贵，采取自知、自爱。

道德经图文本

道德经图文本

七十三章

1
天为什么厌恶「勇于敢」？有谁知道是什么原因？

2
自然的规律是不争攘而善于得胜，不说话而善于回应，不召唤而万物自动归附，宽广坦荡而善于筹策。

自然的规律是柔弱不争的。人类的行为应效法自然的规律，而恶戒刚强好斗。

3
自然的范围广大无边，像一张大网一样，笼罩的范围无所不包，它虽稀疏，却从来没有一点漏失。

勇于敢则杀①，勇于不敢则活。

此两者，或利或害。

天之所恶，孰知其故？

〔是以圣人犹难之。②〕

天之道，不争而善胜，不言而善应，

不召而自来，绰③然而善谋。

天网恢恢④，疏而不失⑤。

【注释】

①勇于敢：勇于进取。敢，进取。杀，死。　②此句为第六十三章错简重出。　③绰（chǎn）：坦然，安然，舒缓。其他古本或作"坦"。　④天网恢恢：天网宽广无边。恢恢，广大，宏大。　⑤疏而不失：稀疏而不遗漏。

【译文】

勇于进取就死，勇于谦让就活。

这二者，一个利一个害。

天道厌恶一方，有谁知道其中的缘故？

〔因此，圣人遇事却看得困难。〕

自然的规律，不争夺而善于取胜，不说话而善于回应，不召唤而自己到来，舒展缓慢而善于谋划。

天网宽广无边，稀疏而不遗漏。

七十四章

道德经图文本

民不畏死，奈何以死惧之？

若使民常畏死，而为奇①者，

吾得执而杀之②，孰敢？

常有司杀者③杀。

夫代司杀者杀，是谓代大匠斲④。

夫代大匠斲者，希有不伤其手矣。

道德经图文本

【注释】

①奇：正之反，奇诡，邪恶。　②吾得执而杀之：陈鼓应校定作"吾将得而杀之"。　③司杀者：负责行刑者，指天道、自然。　④斲（zhuó）：砍，削。

【译文】

百姓不怕死，为什么用死来使他们害怕呢？

如果让百姓经常害怕死，对那些作恶的人，我就可以抓来杀了他，谁还敢干坏事？

本来有专管行刑的天道杀人。

如果代替行刑的天道去杀人，就如同代替木匠去砍削。

那代替木匠砍削的人，很少有不砍伤自己手的啊。

七十五章

道德经图文本

人民之所以饥饿，是因为税赋太多，因此陷于饥饿。

再征收去，我们都得饿死。

人民之所以难治，是因为统治者强作妄为，因此难以管治。

政令朝令夕改，叫我们如何遵循？

人民之所以轻死，是因为统治者奉养奢厚，因此轻于犯死。

活着也无以维生，不如跟他拼了！

因此统治者恬淡无欲，清静无为，比起贵生奉养要来得高明多了。

剥削与高压是政治祸乱的根本，在上者横征暴敛，人民自然会从饥饿死亡的边缘中挺身抗争。

民之饥，以其上食税之多，是以饥。

民之难治，以其上之有为①，是以难治。

民之轻死②，以其上求生之厚③，是以轻死。

夫唯无以生为者④，是贤于贵生⑤。

【注释】

①有为：指政令烦苛，胡作妄为。　②轻死：以死为轻，不怕死。　③以其上求生之厚：由于统治者养生丰厚，奉养奢华。　④唯无以生为者：只有不以养生为要务的人。　⑤贤于贵生：比奉养奢华的人要高明。贤，胜。

【译文】

百姓的饥荒，是因为在上者侵吞赋税太多，所以造成饥荒。

百姓难以治理，是因为在上者胡作非为，所以难以治理。

百姓不怕死，是因为在上者养生丰厚，所以百姓冒死犯上。

唯有生活淡泊清静的人，要比奉养奢华的人高明。

道德经图文本

七十六章

因此，用兵逞强，就会遭受灭亡。

树木强大，就会遭受砍伐。

凡是强大的反而居于下位，凡是柔弱的反而占在上面。

狂风吹刮，高大的树木往往被摧折。小草由于它的柔软，反而可以迎风招展。柔弱胜刚强是很明显的道理。

强

人之生也柔弱①，其死也坚强②。

草木之生也柔脆，其死也枯槁。

故坚强者死之徒，柔弱者生之徒。

是以兵强则灭③，木强则折④。

强大处下，柔弱处上。

【注释】

①生也柔弱：活着身体柔软。河上公注：生，"和气存在"。　②死也坚强：死后身体僵硬。河上公注：死，"和气去也"。　③兵强则灭：军队逞强就要灭亡。参见第三十章。　④木强则折：树木长大就要砍伐折断。

【译文】

人活着身体柔软，死后身体僵硬。

草木生长时柔脆，死后变得干硬。

因此，坚硬强大的东西属于死亡一类，柔软弱小的东西属于生存一类。

所以，军队逞强就要失败灭亡，树木长大就要砍伐折断。

强大者处于下方，柔弱者处于上方。

道德经图文本

七十七章

1 自然的规律是减少有余，用来补充不足。

2 但社会的法规却不是这样，而是剥夺不足，用来供奉有余。

给你

谢谢

哇！劫贫济富。

3 谁能够把有余的拿来供给天下不足的？

4 这只有有道的人才能做到。

自然的规律是拿有余来补不足，而保持均平调和的原则。社会的规则应效法自然的规律，才能使社会达到完满和谐。

天之道，其犹张弓与？

高者抑之，下者举之；

有馀者损^①之，不足者补之。

天之道，损有馀而补不足。

人之道^②，则不然，损不足以奉有馀。

孰能有馀以奉天下，唯有道者。

是以圣人为而不恃，功成而不处，其不欲见贤。

【注释】

①损：减少。　②人之道：社会的法则。

【译文】

自然的规律，大概就像拉开弓弦射箭吧？

弦位高了压低它，弦位低了举高它；用力大了减少它，用力不够补足它。

自然的规律，是减少多余的而弥补不足的。

社会的法则就不是这样，是减少不足的而供养有余的。

谁能够用有余来供养天下的不足呢，只有得道的人。

因此有道的人作育万物而不自恃己能，有所成就而不以功自居，他不想表明自己的聪明才智。

《道德经》图解

道德经图文本

道德经图文本

七十八章

1 世间没有比水更柔弱的。

可是它却有攻坚克强的能力。

2

3 弱胜过强，柔胜过刚，天下没有人不知道，但是没有人能实行。

4 因此圣人说："承担全国的屈辱，才能配称社会的君主；承担全国的祸难，才配做天下的君主。"

水性柔弱，但无坚不摧，无强不克。柔弱却含有无比坚韧不拔的性格，因而胜过刚强。

天下莫柔弱于水，

而攻坚强者莫之能胜，以其无以易①之。

弱之胜强，柔之胜刚，

天下莫不知，莫能行。

是以圣人云："受国之垢②，是谓社稷主；

受国不祥③，是为天下王。"

正言若反④。

【注释】

①易：取代。　②受国之垢：承受国家的耻辱。垢，耻辱。　③受国不祥：承受国家的灾难。祥，灾祸。参见第五十五章。　④正言若反：正面的语言却像反话。

【译文】

天下没有比水更柔弱的了，但是冲击坚硬的东西没有能胜过水的，因为它是无可取代的。

弱胜过强，柔胜过刚，天下没有人不知道，却没有人能够实行。

所以，圣人说："承受国家的耻辱，才能称为国家的君主；承受国家的灾难，才能称为天下的君王。"

正面的语言却像反话。

道德经图文本

道德经图文本

七十九章

1
重大的仇怨，纵使把它调解，也会有余怨藏在心底。这怎能算是妥善的办法呢？

你不对！

不要再争执了！

你错！

2
因此「圣人」保存借据，只给予人而不向人索取偿还。

3
有德的人对待人，就像持有借据的人那样，只给予而不索取。

4
无德的人对待人，就像是税吏，只向人索取而不给人家。

5
天道是无所偏私的，经常帮助好人。

为政者不可蓄怨于民，用刑政来钳制大众。理想的政治是以「德」化民，辅助人民，给予而不索取，决不骚扰百姓。

和大怨①，必有馀怨；

〔报怨以德，②〕安可以为善？

是以圣人执左契③，而不责④于人。

有德司契⑤，无德司彻⑥。

天道无亲⑦，常与⑧善人。

道德经图文本

【注释】

　①和大怨：调解巨大的怨恨。　②此句为第六十三章文字，有学者主张当移至此处。　③左契：债权人所执的券契。《说文》："契，大约也。"　④责：求取，索取。《说文》："责，求也。"　⑤司契：主管券契。　⑥司彻：主管税收。"彻"是周代的税法。　⑦无亲：没有私亲。　⑧与：给与，帮助。

【译文】

　调解巨大的怨恨，必定有余留的怨恨；

　〔用德来报答怨恨，〕怎么可以说是做了好事呢？

　因此，圣人拿着借据的存根，而不向人索取偿还。

　有德的人就主管合同，无德的人就主管税收。

　自然的规律是没有私亲的，经常帮助善良的人。

八十章

小国寡民①。

使有什伯人之器②而不用；

使民重死③而不远徙。

虽有舟舆，无所乘之④；

虽有甲兵，无所陈之⑤。

使民复结绳而用之。

甘其食⑥，美其服，安其居，乐其俗。

邻国相望，鸡犬之声相闻，民至老死，不相往来。

【注释】

①小国寡民：使国家小，使百姓少。　②什伯人之器：十倍百倍的人工器具。什伯，即"什佰"。　③重死：与"轻死"相反，以死为重，怕死。　④无所乘之：没有乘坐远行的必要。　⑤无所陈之：没有陈列的机会。　⑥甘其食：认为自己的饮食甜美。甘，以……为甘，意动用法。美、安、乐，用法同此。

【译文】

使国家小，使百姓少。

即使有十倍百倍的人工器械却不使用；使百姓重视死亡而不向远方迁徙。

虽然有车船，没有乘坐远行的必要；虽然有武器，没有机会去陈列。

使百姓回复到用结绳记事的境况。

百姓都认为自己的饮食甜美，认为自己的衣服漂亮，认为自己的居所安适，认为自己的风俗快乐。

毗邻的国家互相可以看见，鸡狗的叫声互相可以听见，而百姓直到老死，都互相不往来。

道德经图文本

八十一章

1

知识广博的人，未必对大道有真知。

2

圣人没有私心，什么都无所保留，他尽量帮助别人，自己反而更充足。

3

倾其所有给予别人，自己反而更富有。天道无私，只有利于万物，而不会对万物造成伤害。

4

圣人顺天道而行，只是贡献施与，而不和人家争夺。

圣人能效法「利而不害」的天道，而表现「为而不争」。结果「天下莫能与之争」。「施者比受者有福」，能不和人争夺功名，就是一种伟大的道德行为。

信言不美①，美言②不信；

善者③不辩，辩者④不善。

知者⑤不博，博者⑥不知。

圣人不积⑦，既⑧以为人己愈有，既以与人己愈多。

天之道，利而不害；人之道，为而不争。

【注释】

　①信言：真话。　②美言：华丽的言词，巧言。　③善者：善良的人。　④辩者：巧辩的人。　⑤知者：有真知的人。　⑥博者：广博的人。　⑦不积：不积累财物。　⑧既：尽，全部。

【译文】

　真实的话语不华丽，华丽的言词不真实。

　善良的人不巧辩，巧辩的人不善良。

　有真知的人未必广博，广博的人未必有真知。

　圣人不积累财物，尽力帮助他人，自己更富有，全部给予他人，自己更加多。

　自然的法则，是利物而不害物；人间的法则，是帮助而不争夺。

道德经图文本

后 记

《老子》，又名《道德经》，是中华经典读本之一，是中国传统文化宝藏中的瑰宝，对中华民族精神的形成和发展产生了直接的影响。

《道德经》自成书以来，解者纷然，韩非子《解老》《喻老》发其端，河上公、王弼继其后，隋唐以降，研究论著迭出，时至今日，研究者亦不乏其人，可见其于华夏影响之大；不惟如此，日本大田晴轩、东条一堂、武内义雄、木村英一等学者都有关于《道德经》的专门著作，西人于《道德经》也很看重，译为各种外文流布西方，由此可见《道德经》的世界影响之广泛。

《道德经》之所以有如此广泛的影响，盖因其内容"综罗百代，广博精微"。举凡治国、用兵、论道、谈德、修身、养生、砭时、伤世都有讨论，语多隽永，亘古常新，可谓经典。学者论列指归，阐发幽微，不必多说；至若日常生活，亦不离其言，"千里之行，始于足下"、"天网恢恢，疏而不漏"、"知人者智，自知者明"等常语，源自《道德经》殊无疑义。

《道德经》五千言，文约义丰。其书统以"道"、"德"而分八十一章。每章围绕一个主题进行论述，语言简洁，文字精致，朗朗上口，易于记诵。考虑到"时有古今，地有南北，字有更革，音有转移"，我们以王弼本为基础，参照陈鼓应先生的《老子注译及评介》，通篇整理：《诵读本》逐字注音，要皆让习者见书可识而无语音障碍，且于学龄儿童诵读尤其便利焉；《图文本》逐篇插入名家漫画，努力做到图文并茂，让小学高年级学生有兴趣读，同时收入张志和先生《道德经》书法，以供学生欣赏临摹之用；《解读本》按照主题归类，每类酌情给予解析，类下每章给予简短的析论，同时添加知识链接和哲理问题，让学生能理解《道德经》脉络，了解义理，通过教学达到纲举目张、触类旁通的初步目的。

继承和弘扬中国优秀传统文化，对地方文化教育和文化建设有十分重要的意义。提升地方的文化素养，塑造地方的文化形象，应该说经典教育是必要手段和有效途径。促进地方文教的兴盛，还要从经典教育中汲取营养。

《道德经》读本编委会
2010年6月

道德经图文本

第二部分

《道德经》写本

道德经图文本

知聖人不積既以為人己愈有

既以與人己愈多天之道利而

不害聖人之道為而不爭

道德经
第八十一章

歲在戊子書於京華之雙魚堂　張志和

安其居樂其俗鄰國相望雞犬

之聲相聞民至老死不相往來

信言不美美言不信善者不

辯辯者不善知者不博博者不

道德经图文本

道德经图文本

民使有什伯之器而不用使民
重死而不遠徙雖有舟輿無所
乘之雖有甲兵無所陳之使民
復結繩而用之甘其食美其服

言若反

和大怨必有餘怨安

可以為善是以聖人執左契而

不責於人有德司契無德司徹

天道無親常與善人

小國寡

能勝以其無以易之弱之勝

柔之勝剛天下莫不知莫能行

是以聖人云受國之垢是謂社

稷主受國不祥是為天下王正

奉有餘孰能有餘以奉天下唯

有道者是以聖人為而不恃功

成而不處其不欲見賢

莫柔弱於水而攻堅強者莫之

道德經
第七十七章 天下

道德经图文本

道德经图文本

道德经
第七十六章

上天之道其猶張弓與高者
抑之下者舉之有餘者損之不
足者補之天之道損有餘而補
不足人之道則不然損不足以

弱其死也堅强草木之生也柔

脆其死也枯槁故堅强者死之

徒柔弱者生之徒是以兵强則

滅木强則折强大處下柔弱處

道德经图文本

以饑民之難治以其上有為是
以難治民之輕死以其上求生
之厚是以輕死夫唯無以生為
者是賢於貴生

人之生也柔

而殺之孰敢常有司殺夫

代司殺者殺是謂代大匠斲夫

代大匠斲者希有不傷其手矣

民之饑以其上食稅之多是

道德经图文本

善勝不言而善應不召而自来
繟然而善謀天網恢恢疏而不
失民不畏死奈何以死懼之若
使民常畏死而為奇者吾得執

不自貴故去彼取此

勇於敢則殺勇於不敢則活此兩者或利或害天之所惡孰知其故是以聖人猶難之天之道不爭而

不病聖人不病以其病病

不畏威則大威至無狎其所居

無厭其所生夫唯不厭是以不

厭是以聖人自知不自見自愛

道德经
第七十一章

能行言有宗事有君夫唯無知

是以不我知知我者希則我者

貴是以聖人被褐懷玉

道德經

第七十章

知不

知上不知知病夫唯病病是以

道德经图文本

行無行攘無臂扔無敵執無兵

禍莫大於輕敵輕敵幾喪吾寶

故抗兵相加哀者勝矣

道德经 第六十九章

吾言

甚易知甚易行天下莫能知莫

善用人者爲之下是謂不爭之
德是謂用人之力是謂配天古
之極　
　用兵有言吾不敢爲主
而爲客不敢進寸而退尺是謂

且勇舍儉且廣舍後且先死矣

夫慈以戰則勝以守則固天將

救之以慈衛之

道德經
第六十七章
善為士者不

武善戰者不怒善勝敵者不與

其細也夫我有三寶持而保之
一曰慈二曰儉三曰不敢爲天
下先慈故能勇儉故能廣不敢
爲天下先故能成器長今舍慈

前而民不害是以天下樂推而

不厭以其不爭故天下莫能與

之爭 天下皆謂我道大似不

肖夫唯大故似不肖若肖久矣

道德经图文本

能為百谷王者以其善下之故
能為百谷王是以聖人欲上民
必以言下之欲先民必以身後
之是以聖人處上而民不重處

道德经图文本

以智治國國之賊不以智治國
國之福知此兩者亦稽式是謂
玄德玄德深矣遠矣與物反矣
然後乃知大順 道德经第六十五章

江海之所以

難得之貨學不學復眾人之所

過以輔萬物之自然而不敢為

古之善為道者非以明民將

以愚之民之難治以其智多故

道德经图文本

敗之執者失之是以聖人無為

故無敗無執故無失民之從事

常於幾成而敗之慎終如始則

無敗事是以聖人欲不欲不貴

未兆易謀其脆易泮其微易散
為之於未有治之於未亂合抱
之木生於毫末九層之臺起於
累土千里之行始於足下為者

道德经图文本

大事必作於細是以聖人終不

為大故能成其大夫輕諾必寡

信多易必多難是以聖人猶難

之故終無難矣　其安易持其

道德经
第六十三章

有罪以免邪故為天下貴　為

無為事無事味無味大小多少

報怨以德圖難於其易為大於

其細天下難事必作於易天下

道德经图文本

行可以加人人之不善何棄之

有故立天子置三公雖有拱璧

以先駟馬不如坐進此道古之

所以貴此道者何不曰求以得

善人之所保美言可以市尊美

善人之奥善人之寶不

道者萬物之奥善人之寶不

兩者各得其所欲大者宜為下

無畜人小國不過欲入事人夫

197

下之牝牝常以靜勝牡以靜為

下故大國以下小國則取小國

小國以下大國則取大國故或

下以取或下而取大國不過欲

　

鮮以道莅天下其鬼不神其神

不傷人非其神不傷人聖人亦

不傷人夫兩不相傷故德交歸

焉

道德经 第六十章

大國者下流天下之交天

道德经图文本

德則無不克無不克則莫知其
極莫知其極可以有國有國之
母可以長久是謂深根固柢長
生久視之道

道德经
第五十九章

治大國若烹小

其日固久是以聖人方而不割

廉而不劌直而不肆光而不耀

道德经
第五十八章

治人事天莫若嗇夫唯嗇是

謂早服早服謂之重積德重積

《道德经》写本

道德经图文本

樸

其政悶悶其民淳淳其政

察察其民缺缺禍兮福之所倚

福兮禍之所伏孰知其極其無

正正復為奇善復為妖人之迷

昏人多伎巧奇物滋起法令滋

彰盗賊多有故聖人云我無爲

而民自化我好静而民自正我

無事而民自富我無欲而民自

得而賤故爲天下貴 以正治

國以奇用兵以無事取天下吾

何以知其然哉以此天下多忌

諱而民彌貧民多利器國家滋

道德经
第五十六章

言者不知挫其銳解其紛和其

光同其塵是謂玄同故不可得

而親不可得而疏不可得而利

不可得而害不可得而貴不可

道德经图文本

精之至也終日號而不嗄和之
至也知和曰常知常曰明益生
曰祥心使氣曰强物壯則老謂
之不道不道早已 知者不言

道德经
第五十五章

道德经图文本

下吾何以知天下然哉以此

含德之厚比於赤子毒蟲不螫

猛獸不攄攫鳥不搏骨弱筋柔

而握固未知牝牡之合而朘作

道德经
第五十四章

餘脩之於鄉其德乃長脩之於

國其德乃豐脩之於天下其德

乃普故以身觀身以家觀家以

鄉觀鄉以國觀國以天下觀天

厭飲食財貨有餘是謂盜夸非

道也哉

道德经
第五十三章

善建者不拔善抱者

不脫子孫以祭祀不輟修之於

身其德乃真脩之於家其德乃

道德经图文本

其明無遺身殃是為習常使

我介然有知行於大道唯施是

畏大道甚夷而人好径朝甚除

田甚蕪倉甚虛服文彩帶利劍

道德經
第五十二章

知其子既知其子復守其母没
身不殆塞其兑閉其門終身不
勤開其兑濟其事終身不救見
小曰明守柔曰强用其光復歸

生之德畜之長之育之亭之毒

之養之覆之生而不有為而不

恃長而不宰是謂玄德

天下

有始以為天下母既得其母以

夫何故以其無死地

道生之

德畜之物形之势成之是以萬

物莫不尊道而貴德道之尊德

之貴夫莫之命而常自然故道

道德经
第五十章

十有三夫何故以其生生之厚
盖聞善攝生者陸行不遇兕虎
入軍不被甲兵兕無所投其角
虎無所措其爪兵無所容其刃

天下歙歙焉為天下渾其心百
姓皆注其耳目聖人皆孩之
出生入死生之徒十有三死之
徒十有三人之生動之死地亦

道德经
第四十九章

道德经图文本

道德经图文本

足以取天下 聖人無常心以

百姓心為心善者吾善之不善

者吾亦善之德善信者吾信之

不信者吾亦信之德信聖人在

道德经图文本

不行而知不見而明不為而成

為學日益為道日損損之又

損以至於無為而無不為

取天下常以無事及其有事不

於郊禍莫大扵不知足咎莫大
扵欲得故知足之足常足矣
不出戶知天下不窺牖見天道
其出彌遠其知彌少是以聖人

道德经
第四十六章

道德经图文本

盈岩冲其用不窮大直岩屈大

巧岩拙大辯若訥躁勝寒靜勝

熱清靜為天下正

道德经
第四十五章

天下有道

却走馬以糞天下無道戎馬生

與身孰親身與貨孰多得與亡

孰病是故甚愛必大費多藏必

厚亡知足不辱知止不殆可以

長久

道德经 第四十四章

大成若缺其用不弊大

吾将以為教父

天下之至柔

馳騁天下之至堅無有入無間

道德经
第四十二章

吾是以知無為之有益不言之

教無為之益天下希及之

道德经
第四十三章

名

陽沖氣以為和人之所惡唯孤

寡不穀而王公以為稱故物或

損之而益或益之而損人之所

教我亦教之强梁者不得其死

辱大方無隅大器晚成大音希
聲大象無形道隱無名夫唯道
善貸且成

道生一一生二二
生三三生萬物萬物負陰而抱

道大笑之不笑不足以為道故
建言有之明道若昧進道若退
夷道若纇上德若谷廣德若不
足建德若偷質真若渝大白若

如玉珞珞如石

反者道之動

道德经 第三十九章

弱者道之用天下萬物生於有

有生於無

道德经 第四十章

上士聞道勤而行之中士聞道若存若亡下士聞

道德经图文本

滅侯無以貞將恐蹶故貴以賤
為本高以下為基是以侯王自
謂孤寡不穀此非以賤為本邪
非乎故致數輿無輿不欲球球

生侯王得一以為天下貞其致

之天無以清將恐裂地無以寧

將恐廢神無以靈將恐歇谷無

以盈將恐竭萬物無以生將恐

其厚不居其薄處其實不居其華故去彼取此

昔之得一者天得一以清地得一寧神得一以靈谷得一以盈萬物得一以

之故失道而後德失
失仁而後義失而後仁
忠信之薄而後禮者
之華而愚之始是以大丈夫處

道德经图文本

以無德上德無為而無以為下
德為之而有以為上仁為之而
無以為上義為之而有以為上
禮為之而莫之應則攘臂而扔

之萬物將自化化而欲作吾將
鎮之以無名之樸夫亦將無欲
不欲以靜天下將自定

道德經 第三十七章

上德
不德是以有德下德不失德是

道德经图文本

興之將欲奪之必固與之是謂
微明柔弱勝剛强魚不可脫於
淵國之利器不可以示人 道
常無為而無不為侯王若能守

道德经
第三十六章

道德经图文本

客止道之出口淡乎其無味視之不足見聽之不足聞用之不既

道德经
第三十五章

将欲歙之必固張之将欲弱之必固强之将欲廢之必固

無欲可名於小萬物歸焉而不

為主可名為大以其終不自為

大故能成其大

執大象天下

往往而不害安平泰樂與餌過

道德经
第三十四章

行者有志不失其所者久死而
不亡者壽 道德经 第三十三章
大道汜兮其可左
右萬物恃之以生而不辭功成
而不有衣養萬物而不為主常

道德经图文本

道德经图文本

有夫亦将知止知止可以不殆

譬道之在天下猶川谷之於江

海

知人者智自知者明勝人

者有力自勝者强知足者富强

道德经图文本

之道常無名樸雖小天下莫

能臣也侯王若能守之萬物將

自賓天地相合以降甘露民莫

之令而自均始制有名名亦既

237

則不可得志於天下矣吉事尚
左凶事尚右偏將軍居左上將
軍居右言以喪禮處之殺人之
衆以悲哀泣之戰勝以喪禮處

子居則貴左用兵則貴右兵者
不祥之器非君子之器不得已
而用之恬淡為上勝而不美而
美之者是樂殺人夫樂殺人者

而勿伐果而勿骄果而不得已

果而勿强物壮则老是谓不道

不道早已

道德经 第三十章

夫佳兵者不祥之

器物或恶之故有道者不处君

以道佐人主者不以兵强天
下其事好還師之所處荆棘生
焉大軍之後必有凶年善有果
而已不敢以取强果而勿矜果

道德经图文本

其不得已天下神器不可為也
為者敗之執者失之故物或行
或隨或噓或吹或强或羸或挫
或隳是以聖人去甚去奢去泰

道德经图文本

守其辱爲天下谷爲天下谷常

德乃足復歸於樸樸散則爲器

聖人用之則爲官長故大制不

割 道德经 第二十八章 將欲取天下而爲之吾見

道德经图文本

其雄守其雌為天下谿為天下
谿常德不離復歸於嬰兒知其
白守其黑為天下式為天下式
常德不忒復歸於無極知其榮

人常善救物故無棄物是謂襲

明故善人者不善

人者善人之資不貴其師不愛

其資雖智大迷是謂要妙

知

則失君　善行無轍迹善言無

瑕謫善數不用籌策善閉無關

楗而不開善結無繩約而不可

解是以聖人常善救人故無棄

道德经图文本

法自然

道德经
第二十五章

重為輕根靜為躁君

是以聖人終日行不離輜重雖

有榮觀燕處超然奈何萬乘之

主而以身輕天下輕則失根躁

道德经图文本

日道强为之名曰大大曰逝逝
曰远远曰反故道大天大地大
人亦大域中有四大而人居其
一焉人法地地法天天法道道

赘形物或恶之故有道者不处

道德经
第二十四章

有物混成先天地生寂兮寥

兮独立不改周行而不殆可以

为天下母吾不知其名强字之

道德经图文本

失亦得之信不足焉有不信焉

道德经
第二十三章

企者不立跨者不行自見者

不明自是者不彰自伐者無功

自矜者不長其在道也曰餘食

能久而況於人乎故從事扵道
者同扵道德者同扵德失者同
扵失同扵道者道亦樂得之同
扵德者德亦樂得之同扵失者

道德经图文本

莫能與之爭古之所謂曲則全者豈虛言哉誠全而歸之

道德經第二十二章

希言自然故飄風不終朝驟雨不終日孰為此者天地天地尚不

盈敝則新少則得多則惑是以

聖人抱一為天下式不自見故

明不自是故彰不自伐故有功

不自矜故長夫唯不爭故天下

窈兮冥兮其中有精其精甚真
其中有信自古及今其名不去
以閲眾甫吾何以知眾甫之狀
哉以此

道德经
第二十一章

曲则全枉则直窪则

以我獨頑似鄙我獨異於人而

貴食母

孔德之容惟道是從

道之為物惟恍惟惚惚兮恍兮

其中有象恍兮惚兮其中有物

兒之未孩儽儽兮若無所歸衆

人皆有餘而我獨若遺我愚人

之心也哉俗人昭昭我獨昏昏

俗人察察我獨悶悶衆人皆有

道德经图文本

阿相去幾何善之與惡相去若

何人之所畏不可不畏荒兮其

未央哉眾人熙熙如享太牢如

春登臺我獨泊兮其未兆如嬰

利百倍絕仁棄義民復孝慈絕

巧棄利盜賊無有此三者以為

文不足故令有所屬見素抱樸

少私寡欲絕學無憂 唯之與

道德经
第十九章

不信焉悠兮其貴言百姓皆謂

我自然 道德經第十七章

大道廢有仁義慧智

出有大偽六親不和有孝慈國

家昏亂有忠臣 道德經第六章

絶聖棄智民

道德经图文本

知常容容乃公公乃全全乃天天乃道道乃久没身不殆

太

道德經
第十六章

上下知有之其次親而譽之其次畏之其次侮之信不足焉有

新成

致虛極守靜篤萬物并

作吾以觀復夫物芸芸各復歸

其根歸根曰靜是謂復命復命

曰常知常曰明不知常妄作凶

旷谷混兮其若浊澹兮其若海

飂兮若无止孰能浊以静之徐

清孰能安以动之徐生保此道

者不欲盈夫唯不盈故能蔽不

為士者微妙玄通深不可識故

强爲心容豫兮若冬涉川猶兮

若畏四鄰儼兮其若客渙兮若

冰之將釋敦兮其若樸曠兮其

物是謂無狀之狀無物之象是

謂惚恍迎之不見其首随之不

見其後執古之道以御今之有

能知古始是謂道紀

道德經
第十四章

古之善

道德经图文本

不見名曰夷聽之不聞名曰希

搏之不得名曰微此三者不可

致詰故混而為一其上不皦其

下不昧繩繩不可名復歸於無

道德经图文本

患若身吾所以有大患者為吾

有身及吾無身吾有何患故貴

以身為天下若可寄天下愛以

身為天下若可托天下

道德經
第十三章

視之

人為腹不為目故去彼取此

寵辱若驚貴大患若身何謂寵

辱若驚寵為下得之若驚失之

若驚是謂寵辱若驚何謂貴大

《道德经》写本

道德经
第十二章

之以為利無之以為用五色
令人目盲五音令人耳聾五味
令人口爽馳騁畋獵令人心發
狂難得之貨令人行妨是以聖

白四達能無知乎

道德經 第十章

三十輻共

一轂當其無有車之用埏埴以

為器當其無有器之用鑿戶牖

以為室當其無有室之用故有

退天之道　載營魄抱一能無

離乎專氣致柔能如嬰兒乎滌

除玄覽能無疵乎愛民治國能

無為乎天門開闔能無雌乎明

道德经图文本

善能動善時夫唯不爭故無尤

持而盈之不如其已揣而銳

之不可長保金玉滿堂莫之能

守富貴而驕自遺其咎功成身

其無私邪故能成其私 上善

若水水善利萬物而不爭處眾

人之所惡故幾於道居善地心

善淵與善仁言善信政善治事

綿若存用之不勤 天長地久

天地所以能長且久者以其不

自生故能長生是以聖人後其

身而身先外其身而身存非以

道德经图文本

姓為芻狗天地之間其猶橐籥

乎虛而不屈動而愈出多言數

窮不如守中 道德経 第五章 谷神不死是謂

玄牝玄牝之門是謂天地根綿

萬物之宗挫其銳解其紛和其
光同其塵湛兮似或存吾不知
誰之子象帝之先

天地不仁
以萬物為芻狗聖人不仁以百

心治虚其心實其腹弱其志强

其骨常使民無知無欲使夫智

者不敢為也為無為則無不治

道冲而用之或不盈兮似

而不恃功成而弗居夫唯弗居

是以不去

不尚賢使民不爭

不貴難得之貨使民不為盜不

見可欲使民心不亂是以聖人

相生難易相成長短相形高下
相傾音聲相和前後相隨是以
聖人處無為之事行不言之教
萬物作焉而不辭生而不有為

觀其徼此兩者同出而異名同
謂之玄玄之又玄衆妙之門
天下皆知美之為美斯惡矣皆
知善之為善斯不善已故有無

道德經
第一章

道德经图文本

道德經 李耳

道可道非常道名可名非常名

無名天地之始有名萬物之母

故常無欲以觀其妙常有欲以